Richard Avenarius
Kritik der reinen Erfahrung. Erster Teil

AF238874

SEVERUS Verlag

Avenarius, Richard. Kritik der reinen Erfahrung. Erster Teil. 2014
Neuauflage der Ausgabe von 1908
ISBN: 978-3-86347-868-1

Umschlaggestaltung SEVERUS Verlag

Bibliografische Information der Deutschen Nationalbibliothek: Die Deutsche Nationalbibliothek
verzeichnet diese Publikation in der Deutschen Nationalbibliografie; detaillierte bibliografische
Daten sind im Internet über https://dnb.de abrufbar.

Der SEVERUS Verlag ist ein Imprint der Bedey & Thoms Media GmbH,
Hermannstal 119k, 22119 Hamburg

SEVERUS Verlag, 2014
http://www.severus-verlag.de
Gedruckt in Deutschland
Der SEVERUS Verlag übernimmt keine juristische Verantwortung oder irgendeine Haftung für
evtl. fehlerhafte Angaben und deren Folgen.

Richard Avenarius

Kritik der reinen Erfahrung
Erster Teil

Richard Avenarius
Kritik der reinen Erfahrung I

**Avenarius, Richard: Kritik der reinen Erfahrung I, Hamburg,
SEVERUS Verlag 2014.
Nachdruck der Originalausgabe, Leipzig 1888**.

ISBN: 978-3-86347-868-1
Druck: SEVERUS Verlag, Hamburg, 2014

Bibliografische Information der Deutschen Nationalbibliothek:
Die Deutsche Nationalbibliothek verzeichnet diese Publikation in der
Deutschen Nationalbibliografie; detaillierte bibliografische Daten sind im
Internet über http://dnb.d-nb.de abrufbar.

Die digitale Ausgabe (eBook-Ausgabe) dieses Titels trägt die ISBN
978-3-94238-205-2 und kann über den Handel oder den Verlag bezogen
werden.

© **SEVERUS Verlag**
http://www.severus-verlag.de, Hamburg 2014
Printed in Germany

Anmerkung des Herausgebers:

Auf Grund der Beibehaltung der zeitgenössischen Schreibweise sei der interessierte Leser darauf hingewiesen, dass das klassische „ß" hier „ſs" geschrieben wird.

Vorwort.

In meiner Spinoza-Schrift hatte ich mich bestrebt, die Entwicklung einer speciellen Weltanschauung als einen gesetzmäfsigen Procefs unter rein psychologischen Gesichtspunkten zu betrachten; in den Prolegomenen zur vorliegenden Arbeit, Wurzel, Aufgabe, Methode und Gestaltung der gesamten Philosophie als durch ein allgemeines Princip bestimmt zu denken. Dieses Werk endlich gelangt zu dem Versuch, alles theoretische Verhalten überhaupt — an sich und in seiner Beziehung zum praktischen, sowie im allgemeinen auch dieses selbst — als Folgen einer einzigen einfachen Voraussetzung aufzufassen.

Auf so erweiterter Grundlage mufste es gelten, die Erfahrung, auf welche die Untersuchung immer gerichtet bleiben sollte, doch nur als einen „besonderen Fall" zu behandeln, der zu seiner Bestimmung freilich zuvor diejenige des zugehörigen „Allgemeinen" zu verlangen schien. — Der Bedeutung der Erfahrung als eines Specialfalles entspricht dann auch die Stellung, welche ihre specielle Behandlung im Ganzen der folgenden Untersuchungen angewiesen erhalten hat.

Eine weitere Folge der angedeuteten Betrachtungsweise war, dafs, nach je mehr Seiten sich neue formale

Zusammenhänge des behandelten Erkennens erschlossen
und je mehr neue materiale Einzelwerte zur Einfügung
herzuströmten, desto mehr sich das Interesse an der
inneren Einheit alles menschlichen Thuns entwickelte —
im selben Maße aber auch das Interesse an den auf
die Erfahrung bezüglichen Fragen, wie solche die
S c h u l e formuliert, und an den zugehörigen Grund-
begriffen, wie sie i h r e Überlieferung sanktioniert,
leider verkümmerte. — Zu meiner Entschuldigung
kann ich nur auf dies Werk selbst verweisen, wo
solche Verschiebungen des Interesses ihre allgemeine
„Erklärung" finden.

Jedenfalls muß ich nun aber darauf gefaßt sein,
daß mir der Vorwurf nicht erspart bleiben werde, die
Kritik der reinen Erfahrung habe mit den ernsten und
wichtigen Fragen, wie solche andere philosophische
Untersuchungen gegenstandsverwandter Art mit Vor-
liebe behandeln, erschreckend wenig zu thun. In der
That, es sind schlichte Probleme, die diese Kritik sich
stellt, so schlicht, daß der „wahre kritische Philo-
soph" voll mitleidigen Stolzes auf sie herabblicken
wird. Aber immerhin dürften es Probleme sein, die,
wenn sie auch an Wert und Würde weit hinter den
andern zurückstehen, doch wenigstens hinsichtlich der
Zeit ihrer Behandlung insofern den Vortritt verdienen
möchten, als sie eben einfachere und allgemeinere Vor-
fragen zu betreffen scheinen.

Zunächst denn einige Worte über die Berechtigung des ganzen Versuches!

Da ist es vielleicht nicht unzweckmäßig, sogleich
zwei Voraussetzungen voranzuschicken, die ich, für
den Augenblick und ohne auf diese Bezeichnung Ge-

wicht zu legen, empiriokritische Axiome benennen möchte: das erste das Axiom der Erkenntnis-Inhalte, das zweite das Axiom der Erkenntnis-Formen.

Diese beiden Voraussetzungen liefsen sich etwa
so formulieren:

1) Jedes menschliche Individuum nimmt ursprünglich
   sich gegenüber eine Umgebung mit mannigfaltigen Bestandteilen, andere menschliche Individuen
   mit mannigfaltigen Aussagen und das Ausgesagte
   in irgendwelcher Abhängigkeit von der Umgebung
   an: alle Erkenntnis-Inhalte der philosophischen Weltanschauungen — kritischer oder nicht kritischer — sind
   Abänderungen jener ursprünglichen Annahme.

Mit letzterem ist gesagt: zu welchen Ergebnissen
auch z. B. ein PLATO, ein SPINOZA, ein KANT gelangen
mochte — die Philosophen gewannen ihre Resultate
durch positive oder negative Vermehrungen jener Annahme, die auch sie zu Anfang ihrer Entwicklung
gemacht haben.

2) Das wissenschaftliche Erkennen hat keine wesentlich anderen Formen oder Mittel als das
   nicht-wissenschaftliche: alle speciellen wissenschaftlichen Erkenntnis-Formen
   oder -Mittel sind **Ausbildungen** vorwissen-
   schaftlicher.

Mit letzterem ist gesagt: zu welchen Methoden
es auch z. B. Mathematik und Mechanik bringen
konnten — sie müssen sich in letztem Betracht auf
einfache und allgemein menschliche Funktionen zurückführen lassen.

Für die Leser, welche diese beiden Sätze zugeben, hoffe ich das Vorhaben dieses Werkes — und nur darum handelt es sich hier — nun schneller motivieren zu können.

Wer zunächst den ersten Satz zugiebt, der dürfte gleichfalls zugeben, daſs es rätlich sei, auch bei der Behandlung unseres Untersuchungsgegenstandes von jener ursprünglichen Annahme auszugehen — und nicht von späteren Abänderungen derselben. Z. B. nicht von dem „*Bewuſstsein*" oder dem „*Denken*" als dem „*unmittelbar Gegebenen*" oder „*unmittelbar Gewissen*" — und es mag schon hier zur Vorbeugung von allzu bereiten Miſsverständnissen betont werden, daſs das sog. „unmittelbare Gegebensein des Bewuſstseins" u. Ä. schon der Ausfluſs einer *Theorie* ist, welche, als ein specieller Fall der Variation der angeführten Annahme, durch Zuwuchs sehr verschiedenartiger und vielleicht auch sehr verschiedenwertiger *Erkenntnisse* in historischer Entwicklung entstanden ist. Vom „Bewuſstsein" oder dem „Denken" — zum Zweck der Entwicklung eigener Ansichten über das Erkennen oder auch nur der Beurteilung derjenigen Anderer — „ausgehen", heiſst im besten Falle also, um nicht einen drastischeren Vergleich zu gebrauchen, beim Ende anfangen!

Soviel zur Berechtigung des von der Kr. d. r. Erf. gewählten Ausgangspunktes. —

Giebt man aber zu, daſs von der ursprünglichen Annahme, wie sie angedeutet ward, ausgegangen werden durfte, so sollte man auch zugeben können, daſs wenn man nun von der Umgebung und dem aussagenden Individuum — eben in ihrem Verhältnis zur Umgebung — ausgeht, es dann wieder unrätlich sei: nachdem man kaum die „Einwirkung" der „Reize"

auf das nervöse Centralorgan angemerkt hat, sofort
von den Änderungen dieses Organs ab- und auf das
„Bewuſstsein" — das „Denken" — die „Vorstellun-
gen" — des Individuums überzuspringen; statt vor
allem die Änderungen, welche der „Reiz" im „gereizten" Centralorgan hervorrief, nach ihren verschiedenen Beziehungen weiter zu verfolgen und dann erst
die Abhängigen zu den Änderungen des Organes
aufzusuchen.

Hiermit, hoffe ich, sei der Weg, den die Kr. d.
r. Erf. zur Beantwortung ihrer Fragen einzuschlagen
gedenkt, einigermaſsen gerechtfertigt. —

Wer alsdann den zweiten Satz zugiebt, wird wohl
auch zuzugestehen geneigt sein, daſs es rätlich sei,
nicht sofort oder ausschlieſslich auf komplizierte und
specielle Formen oder Mittel eines hochentwickelten
„wissenschaftlichen" Erkennens zu reflektieren, sondern gerade auch das gewöhnliche Leben, das sich
selbst überlassene natürliche und unbefangene Erkennen, aus welchem sich das wissenschaftliche entwickelte, und damit die Verwandtschaften der wissenschaftlichen mit den vorwissenschaftlichen Erkenntnis-
Formen oder -Mitteln im Auge zu behalten.

Und im Anschluſs an diese eventuellen Zugeständ-
nisse würde man auch vielleicht zugeben können, daſs
es rätlich sei, ehe man daran ginge, die „Möglichkeit"
bestimmter Arten von Erkenntnissen zu behandeln,
doch erst·zu versuchen, das Erkennen ganz allgemein
nach Beschaffenheit und Zusammenhängen zu beschreiben; und das heiſst: daſs nicht eine materiale und
specielle, sondern eine formale und allgemeine
Theorie des menschlichen Erkennens das näherliegende
Erfordernis ist.

Dies zur Erklärung, daſs die Kr. d. r. Erf. —
am Maſsstab anderer „Kritiken" gemessen — mit so
wenig hochgesteckten Zielen in deren hohe Gesellschaft sich wagt.

Und so viel also überhaupt zur Motivierung meines
Versuches, — statt auf diesen oder jenen Philosophen —
einfach auf den natürlichen Ausgangspunkt selbst
„zurückzugehen", und — statt an Bücher — unmittelbar
an die Sachen „anzuknüpfen". —

Anders als mit der Berechtigung des allgemeinen
Vorhabens dieses Buches verhält es sich mir mit derjenigen seiner Veröffentlichung.

Der Entschluſs, die folgenden Untersuchungen
nunmehr dem Druck zu übergeben, ist mir wahrlich
nichts weniger als leicht geworden. Galt es doch,
nicht nur einen intensiven subjektiven Widerwillen,
sondern auch gar viele und groſse objektive Bedenken
zu überwinden! Hätten nicht jüngere Forscher, die
mit den hier niedergelegten Ansichten durch meine
Vorlesungen bekannt und befreundet wurden, mir
immer dringender nahe gelegt, daſs es sich nun nicht
mehr darum handle, von einem *Recht* für mich Gebrauch zu machen, sondern eine *Pflicht* gegen sie zu
erfüllen — ich gestehe, ich würde es vorgezogen
haben, das Werk, von dessen mannigfachen Unvoll-
kommenheiten niemand mehr als ich selbst überzeugt
sein kann, lieber noch — wer weiſs, für wie lange? —
zurückzubehalten, um es vorerst durch immer neue
Zusätze und Verbesserungen in kleinen Schritten zu
fördern in der Richtung auf das Ideal, das vor Jahr-
zehnten der eigene jugendliche Mut geahnt, seit
vielen Jahren der reifenden Arbeit vorgeschwebt und

das doch, je weiter ich fortschritt, desto weiter und
weiter und dann endlich in unabsehbare Fernen zurück-
wich.

Erwähnt werde nur: die ungeheure Reichhaltig-
keit des Stoffes, mit welcher schon die Prolegomena
zu kämpfen gehabt, wuchs unaufhörlich — die Umkehr
auf dem alten und das Verfolgen des neuen Weges
heischte Zeit und Kraft mehr und mehr für sich.

Um nicht erdrückt zu werden, mußte ich mich
entschließen, von einem gewissen Momente an lieber
den Tadel auf mich zu laden, dies oder das, was das
Leben — niedreres und höheres — oder die Litteratur
— ältere und neuere — darbot, nicht genügend oder
gar nicht beachtet zu haben, als noch immer weiteres
Material zur Verarbeitung aufzunehmen; und vieles
Andere, was dazu seit langem gesammelt worden war,
mußte einstweilen zurückgestellt werden. Und um die
Aufgabe, wie sie sich mir nun einmal entwickelt, überhaupt einigermaßen für mich lösbar zu machen, mußte
ich dieselbe schließlich teilen.

Das ist dann in der Art geschehen, daß ich hier
zunächst strenger als in den Prolegomenen zwischen
Kritik und *System* der reinen Erfahrung unterschied
und beides für die Behandlung völlig voneinander
trennte. Womit freilich nicht gesagt ist, daß Spuren
der früheren, umfassenderen Anlage nicht doch hie
und da noch sichtbar geblieben sein möchten.

Sodann schied ich die Untersuchung meines
Gegenstandes selbst wieder vollständig von der kriti-
schen Besprechung der Ansichten Anderer. Was in
dieser Beziehung mir wünschenswert geblieben, wird
sich an anderem Ort nachzuholen Gelegenheit finden.

Von den vielen hier in Frage kommenden Werken

sei nur die „Kritik der reinen Vernunft" genannt. —
Als ich die Prolegomena zu diesem Buche schrieb,
wählte ich für dasselbe den Titel „Kritik der reinen
Erfahrung" nicht ohne Mitwirkung einer polemischen
Absicht; heute — im Dienst der Philosophie um ein
gut Stück älter geworden — verbinde ich mit der
Bezeichnung dieses Buches eine bewufste Huldigung
des Genius Kants. Eine Vergleichung meiner gerin-
gen Arbeit mit seiner Riesenschöpfung lag mir damals
und liegt mir auch heute vollständig fern. Aber freilich: eine Darlegung des Verhältnisses der Kritik der
reinen Erfahrung zur Kritik der reinen Vernunft war
ursprünglich mitbeabsichtigt; nun bin ich — wie von
anderen früheren Absichten — auch hiervon zurück-
gekommen. Die Kantphilologie niedreren und höheren
Ranges hat eine Entwicklung genommen, welche mich
nicht einladet — selbst in dem besonderen Fall, dafs
es mich direkt angehen möchte — an Kant-Fragen
mich zu beteiligen. Und dann namentlich: in welchen
Kreisen sollte ich Interesse für mein Verhältnis zu
Kant voraussetzen, da ich ja gar nicht wufste, ob
meine Arbeit selbst irgendwelche Kreise zu interessieren
vermögen werde? — So grüfse ich denn ehrfurchtsvoll
die Manen des grofsen Meisters Immanuel und bitte sie
um Vergebung, wenn ich den „Büchern und Systemen",
deren „Kritik" nicht meine Aufgabe bedeuten sollte,
auch sein gewaltigstes Werk zuletzt doch beigezählt
habe.

Mit dem Entschlufs, blofs die Sachen und nicht
auch die Ansichten über die Sachen zu behandeln,
hängt dann zusammen, dafs ich einerseits auf die
Analyse verschiedener, meiner Meinung nach fehl-
gehender Erfahrungsbegriffe nicht eingetreten bin;

andererseits aber auch in der Kr. d. r. Erf. darauf
verzichtete, die Berührungspunkte mit anderen For-
schern als „Bestätigungen" zu verzeichnen. In dieser
Hinsicht kann ich sagen, daſs ich kaum ein Buch
oder nur eine Abhandlung eines Vertreters der wissenschaftlichen Philosophie aufgeschlagen habe, ohne mich
in diesem oder jenem Punkte an einer Übereinstimmung zu erfreuen; aber nur, wo von ihnen eine Anregung oder Belehrung auf mich wirklich überging,
hielt ich mich berechtigt, mir selbst den Zusatz von
Citaten zu gönnen. Andere Autoren übrigens, als von
denen bereits die Prolegomena zeugen, haben seither
auf mich — wenn mein Bewuſstsein mich nicht
täuscht — nicht mehr im eigentlichen Sinne bestimmend eingewirkt; nur habe ich mich an W. WUNDT
(speciell an seine, wie mir scheint, höchst fruchtbare
Ausgleichung der „Erfahrungen über die funktionelle
Scheidung der Organe mit dem Satz von der funktionellen Indifferenz der Elementarteile") enger angeschlossen. In hohem Maſse ermutigend waren für
mich die Schriften ERNST MACHS, auf welche der
philosophische Leser, wenn es dessen noch bedürfen
sollte, hiermit aufmerksam gemacht sei.

Endlich hatte ich mich zu bescheiden: nichts
geben zu wollen, als nur meine persönliche Ansicht —
vielleicht, daſs sie der specifischen Vorbereitung auch
einiger Anderer entspräche; nichts zu bieten, als einen
tastenden Versuch, die Dinge einmal unter anders-
bestimmtem Gesichtspunkt zu betrachten — vielleicht
daſs er Manchem zur Anregung diente. Mir war die
Kritik zur Krisis geworden — vielleicht verhilft sie
auch einem Andern zu einer wohlthätigen Krisis oder
hilft ihn heraus aus einer, die ihm nicht wohlthut.

Wenn ich den Wert der Ergebnisse, zu denen ich gelangt bin, willig auf die Bedeutung eventueller Anregungen herabsetze, hoffe ich doch zugleich, den Umfang derselben als einen nicht allzu beschränkten bezeichnen zu dürfen. Wenigstens schwebte mir von Anfang an zugleich als Endziel vor, mit dem Versuch, die ersten Grundzüge einer allgemeinen Theorie des menschlichen Erkennens und Handelns zu zeichnen, das Bestreben zu verbinden, für eine Wissenschafts- lehre überhaupt und im besondern für die Psychologie (im Sinne einer eigentlichen *Variationspsychologie*) und im Anschluſs daran namentlich für die wissenschaft- liche Pädagogik, ferner für die Logik, Ethik und Ästhetik, für Rechtsphilosophie und Nationalökonomie, für die Sprachwissenschaft u. a. den Boden zu bereiten. Alle diese Wissenschaften behielt ich bei Entwurf und Ausführung dieses Werkes im Auge; freilich darf man in oder von der Kr. d. r. Erf. selbst nicht schon eine Wissenschaftslehre, eine Variationspsychologie, eine Logik u. s. w., und wenn auch nur in speciell mar- kierten Hinweisen, erwarten wollen. Aber Anregun- gen vom Inhalt einer allgemeinen Grundlegung für diese Wissenschaften dürften ihre eigenen Grund- begriffe in wohl erkennbarer und leicht weiter zu ver- folgender Weise Allen darbieten — Allen wenigstens, denen daran liegt, die wichtigsten Güter der Mensch- heit — die Sittlichkeit, das Recht, die Wissenschaft, den Staat überhaupt und die Gesellschaft, und d. h.: die individuelle und allgemeine Wohlfahrt — auf den denkbar sichersten Grund zu stellen, als welcher schlieſslich doch einzig und allein von der wissen- schaftlichen Analyse zu erhoffen ist.

Wenn es mir genug sein soll, Anregungen zu bieten, so ist damit gesagt, dafs ich keinen Anspruch erhebe, fertige Resultate zu bringen. Namentlich wäre es meinerseits thöricht, nicht zu erwarten, dafs bei den Hunderten von Einzelbegriffen, die es anzuführen, bez. näher zu behandeln galt, nicht eine mehr oder minder grofse Anzahl derselben auch in anderen Bestimmungen oder in anderen Einordnungen denkbar sein sollten — und die Kritik und Weiterarbeit, wenn sie überhaupt dies Buch ihrer Beachtung würdigt, wird hier gewifs ein reiches Feld ihrer Thätigkeit finden.

Aber andererseits darf ich doch auch von der Einsicht der Kritik und Weiterarbeit erhoffen, dafs sie bei ihren Ausstellungen und Verbesserungen, die mir selbst am willkommensten sein werden, die Schwierigkeiten nicht verkennen werden, welche dem Versuch, eine so allgemeine Theorie, wenn auch nur als Skizze, zu entwerfen, die verwirrende Mannigfaltigkeit des Stoffes, die grofse Veränderlichkeit eines beträchtlichen Teiles desselben, die häufige Vieldeutigkeit der Bezeichnungen, die grofse Abstraktheit der meisten Begriffe, die geringe Unterstützung durch feste Angriffspunkte und sichere Methoden u. a. m. bereiten mufsten.

Zu den Einzelheiten, welche mancher Umbildung bedürftig, aber auch mancher Weiterbildung befähigt sein möchten, rechne ich übrigens nicht nur die von den Änderungen des nervösen Centralorgans abhängigen Werte (in Teil II, bez. III), sondern auch manche Begriffe, mit denen schon im I. Teil gearbeitet wird: hier werden nach und nach einige materiale Ausdrücke, welche der Bequemlichkeit ihres Gebrauchs einen vorläufigen Fortbestand verdanken, durch andere, rein formale, bez. quantitative zu ersetzen sein.

Für besonders dringend erachte ich letzteres allerdings nicht.

Daſs, um auch diesen Umstand nicht zu verschweigen, auf ihrem anderen Wege die Kr. d. r. Erf. zum Teil auch zu anderen Endergebnissen gelangte als die Prolegomena, wird wohl keiner besonderen Entschuldigung bedürfen. So glücklich ich sein würde, wenn die Kr. d. r. Erf. in sich selbst widerspruchslos geblieben wäre, so irrelevant dünkt es mich, ob sie nunmehr in dem einen oder andern Punkte den Prolegomenen widerspräche: sie ist dann eben in diesem Punkte über die ältere Arbeit hinweggeschritten.

Hinsichtlich der Darstellung ist versucht worden, nur die Sache walten zu lassen; diese aber möglichst so zu nehmen, wie sie sich gab: und zu den Sachen rechne ich hier auch die Weltanschauungen und Erkenntnisbegriffe der Menschen. Was in meinen Kräften stand, habe ich gethan, um etwaige Vorurteile, die mich selbst beeinflussen konnten, aufzuspüren und auszumerzen. Ernstlich war ich bemüht, eine Stellung über den Parteien zu gewinnen; alles zunächst als *wahr* zuzulassen, schien mir nicht naiver als damit den Anfang machen zu wollen, nichts als wahr anzunehmen. Zu dieser Stellungnahme half mir die Überzeugung, daſs es für mich jetzt nicht darauf ankomme, alte Fragen neu zu beantworten; sondern zu alten Antworten neue Fragen zu stellen. „Neu" — nun ja, wie es mir wenigstens den unmittelbaren Eindruck machte.

Wo mein Gegenstand nicht mehr selbst für sich zu sprechen vermochte, ist keine rhetorische Wendung hilfreich für ihn eingetreten. Was ich darzulegen

hatte, liegt offen da. Eine, wie ich glaube, sorgfältige
Gliederung breitet die Gedanken übersichtlich aus und
wird alsbald hervortreten lassen, wo etwa ein Fehler
am Material liegen sollte. Haben Verstöfse gegen die
Normen der Logik sich eingeschlichen, sie finden in
dem knappen Gewand keine gefällige Falte, um sich
dem Auge des subjektiv minder beteiligten Lesers zu
verbergen.

In anderer Beziehung habe ich es mir angelegen
sein lassen, dem Mifsverstehen gewonnener Bestimmungen durch besondere technische Termini vorzu-
beugen. Eine angenehme Arbeit war dies keineswegs;
ob es eine wohlangebrachte war, muss die Zukunft
lehren. Unterläfst man es, einen relativ neuen Begriff just so, wie man ihn verstand und zum Unterschiede von seinen Verwandten kennzeichnen wollte,
durch neue beziehungsfreie Ausdrücke festzuhalten, so
hat man den bekannten Vorwurf des „neuen Weines
in alten Schläuchen" zu befürchten; bildet man neue
Termini, so droht die übliche Klage der „Erschwerung
des Verständnisses". Kurz, auch hier gilt: was man
thue, man hat es zu bereuen. Schliefslich mag ich
aber lieber, gar nicht, als falsch verstanden werden;
und so entschied ich mich für neue Bezeichnungen.
Bei Bildung derselben war mir mafsgebend, dafs sie,
wenn möglich, charakteristisch sein möchten — jedenfalls handlich. (Aus letzterem Grunde bin ich hie
und da auch selbst vor philologisch bedenklichen Formen nicht zurückgeschreckt — sprachwidrige Verstüm-
melung des Suffixes und andere Vergehen, die ich
demütig eingestehe, werden mir vorgeworfen werden.)
Im übrigen habe ich bereits zu beobachten Gelegenheit gehabt, wie schnell sich bei einigem Entgegen-

kommen die vorgeschlagenen Termini einlebten und
ihre guten Dienste thaten.

Wenn ich im ersten Teil darauf verzichtete, auf die
s p e c i e l l e r e n Voraussetzungen physiologischer Einzelheiten einzugehen, so wufste ich wohl, welchen
Schmuckes ich meine Darstellung beraubte; ich beschränkte mich aber — in Erinnerung an eine Warnung
LOTZES — auf die allgemeinsten Voraussetzungen dieser
Art, weil sie allein, die meinen Zwecken genügten (denjenigen des Specialforschers galt es hier nicht), doch
schliefslich eine viel gröfsere Bürgschaft der Beständig-
keit zu geben schienen als die speciellen.

Zur Veranschaulichung der abhängigen Werte habe
ich in Teil II reichliche Beispiele den mündlichen oder
schriftlichen Aussagen von Individuen verschieden-
artigster Entwicklungsstufen entnommen; in beschränk-
terem Mafs sind Fälle zugelassen, bei denen ich selbst
zum Leser in das Verhältnis eines Aussagenden ge-
treten bin, z. B. in dem Fall des Uhrschlags (Anm.
zu n. 491).

In Teil I wird dagegen vielleicht Mancher solche
erläuternde Beispiele vermissen. Mir aber mufste gerade
daran gelegen sein, da, wo ich es sach- und aufgabe-
gemäfs nur mit blofsen Änderungsformen, Änderungs-
gröfsen und Änderungsreihen zu thun hatte, auch völlig
rein in dieser formalen Sphäre und Betrachtungsweise
zu verbleiben. Sowie ich den „psychischen Ausdruck“, die „Bewufstseinsseite“ dieser Änderungen oder
wie man es sonst *nennen* will, herangezogen hätte,
wäre die Darstellung nach Form und Inhalt in ein
Hin- und Herschwanken und voraussichtlich gar bald
in das Gebiet geraten, wo sie auf individuelle Mei-
nungsverschiedenheiten, subjektive Wertschätzungen

und gedankenfeindliche Affekte zu stofsen Gefahr laufen konnte. Hier, in der rein formalen Betrachtung von Änderungen des nervösen Centralorgans, scheint mir der einzige neutrale Boden erschlossen, auf dem sich die Fragen, welche in ihren subjektiven Formen unsere Leidenschaften zu erregen so geeignet sind, dereinst werden völlig leidenschaftslos behandeln lassen.

Wenn ich zum Schlufs bedenke, wie wenig es ist, was ich nunmehr in greifbarer Gestalt vorlege, so fühle ich wohl, wie viel mehr es hätte sein können, hätte ich mich näher an das herkömmliche Verfahren gehalten. Wie viel mehr — in der gleichen Zeit, aber nicht mit der gleichen Last! Wie viel mehr, wie viel leichter — und wie viel dankbarer! Aber was überhaupt für m i c h zu erreichen war, konnte ich eben doch nur auf d e m Wege erreichen, welcher der m e i n e wurde.

Im übrigen: ein Anderer waren wir, als wir den Stab zur Wanderung nach dem fernen Land der Erkenntnis ergriffen — ein Anderer sind wir, wenn wir ihn niederlegen. Die kindliche Zuversicht, dafs just u n s die „Wahrheit zu finden“ gelingen werde, ist längst dahin; erst während des Fortschreitens erfuhren wir die eigentlichen Schwierigkeiten und an ihnen die Grenzen unserer Kräfte. Und das Ende? — — — Wenn wir nur zur Klarheit m i t u n s s e l b s t gelangten!

Hottingen bei Zürich,
Ostersonntag 1888.

R. A.

Inhalt.

II**

EINLEITUNG
ALLGEMEINE ANGABEN ÜBER DIE KRITIK DER REINEN ERFAHRUNG

I.

1. — Um Gegenstand, Aufgabe, Charakter, Methode, Standpunkt und Voraussetzungen unserer Untersuchung sogleich im allgemeinen anzugeben, verzeichnen wir vorerst — auf Grund alltäglicher Äuſserungen der Individuen nicht weniger als historisch bedeutsamer Kundgebungen — die Annahme:

> es stehe ein beliebiger Bestandteil unserer Umgebung in einem solchen Verhältnis zu menschlichen Individuen, daſs, wenn jener gesetzt ist, diese eine E r f a h r u n g aussagen: 'Es *wird etwas erfahren'*; *'es ist etwas eine Erfahrung',* bez. *'aus der Erfahrung entsprungen', 'von der Erfahrung abhängig ....'*

Die Bezeichnungen „Äuſserungen, Aussage, aussagen" etc. sind dem gewöhnlichen Sprachgebrauch der Individuen entnommen; wir behalten sie bei, weil uns die Gefahr, daſs mit diesen Ausdrücken etwa verbundene theoretische Anschauungen stören könnten, nicht groſs genug erscheint. Wir selbst verbinden mit jenen Wörtern keine weitere Theorie. — In anderen Fällen, wo uns die Beibehaltung der gebräuchlichen Ausdrücke minder unbedenklich erscheint, werden wir neue Bezeichnungen vorzuschlagen nicht wohl umhin können.

2. — In dieser Annahme fungiert der Umgebungsbestandteil als V o r a u s s e t z u n g des Ausgesagten; und es wird statuiert, daſs wenn der Umgebungsbestandteil Voraussetzung des Ausgesagten ist, dieses als Erfahrung gesetzt sei. Wir nehmen in Bezug hierauf zunächst als den einfachsten Fall an, daſs jener Umgebungsbestandteil Voraussetzung des Ausgesagten in

dessen sämtlichen Komponenten — und daſs das
Ausgesagte auch in allen seinen Komponenten als
Erfahrung gesetzt sei.

Wir befassen die gemachte einfachste Annahme
in folgenden

Satz A: Wenn Bestandteile unserer Umgebung
als Voraussetzung eines Ausgesagten in allen
seinen Komponenten anzunehmen sind, so ist
das Ausgesagte auch in allen seinen Komponenten als Erfahrung anzunehmen.

3. — Die reine Umkehrung des Satzes A ergiebt den

Satz B: Wenn ein Ausgesagtes in allen seinen
Komponenten als Erfahrung anzunehmen ist,
so sind auch Bestandteile unserer Umgebung
als Voraussetzung dieses Ausgesagten in allen
seinen Komponenten anzunehmen.

Da Satz A sich aber nicht ohne weiteres als rein
umkehrbar behandeln läſst, so läſst sich auch nicht
Satz B ohne weiteres annehmen.

4. — Hingegen läſst sich dem Satz B ein erster
Begriff **reiner Erfahrung** leicht entnehmen: nämlich der
Erfahrung als eines Ausgesagten, welches in allen
seinen Komponenten rein nur Bestandteile
unserer Umgebung zur Voraussetzung habe.

Dieser Begriff reiner Erfahrung mag als **synthe-
tischer** bezeichnet werden.

5. — Wir brauchen indessen, um zu einem Begriff
reiner Erfahrung zu gelangen, nicht notwendig aus dem
Bereich des Ausgesagten selbst herauszugehen.

Angenommen, es bestehe eine Erfahrung rein nur
aus Komponenten, welche ebenfalls als gleichzeitige
oder ursprüngliche Erfahrung ausgesagt werden können,

so führte dies Ausgesagte zu einem zweiten Begriff reiner Erfahrung: als einer Erfahrung, welcher **nichts beigemischt ist, was nicht selbst wieder Erfahrung wäre** — welche mithin in sich selbst nichts anderes als Erfahrung ist.

Wir wollen diesen zweiten als den **analytischen** Begriff der reinen Erfahrung bezeichnen.

6. — Da der Satz B nicht durch reine Umkehrung aus dem Satz A gefolgert werden kann (vergl. n. 3), so fallen der synthetische und analytische Begriff der reinen Erfahrung nicht einfach zusammen. Gälte der Satz B, so fielen sie zusammen; und der Satz A wäre ein reciprokabler.

Ich bemerke, dass, wo etwa *Ausdrücke* an KANT erinnern sollten, es doch völlig dahingestellt bleibt, ob auch die *Begriffe* kantisch seien oder nicht.

II.

7. — Die gewonnenen Begriffe der reinen Erfahrung bestimmen ihrer Kritik die allgemeinen Aufgaben.

Satz A bezeichnet Bestandteile unserer Umgebung als Voraussetzung der Erfahrung. Der synthetische Begriff der reinen Erfahrung hat sich diese Annahme angeeignet; es wird zu untersuchen sein:

in welchem Sinn und Umfang können überhaupt Bestandteile unserer Umgebung als **Voraussetzung** der Erfahrung angenommen werden?

8. — Im analytischen Begriff der reinen Erfahrung haben wir es dagegen mit der Erfahrung in sich selbst zu thun, sofern sie eben nichts enthält und nichts ist als Erfahrung: eine Thatsache oder ein Phänomen oder sonst ein Etwas bestimmter Art, wie Schmerz und Glauben auch in sich selbst eine Thatsache oder

ein Phänomen oder sonst ein Etwas bestimmter Art
sind. In dieser Hinsicht haben wir demnach zu untersuchen:

> in welchem Sinn und Umfang können
> ausgesagte Werte überhaupt als **Erfah-
> rung** angenommen werden?

9. — Das Auseinanderfallen des synthetischen und
des analytischen Begriffs reiner Erfahrung läfst es
denkbar, dafs ein Ausgesagtes in allen seinen Komponenten als Erfahrung gesetzt sei, ohne dafs zugleich
Bestandteile unserer Umgebung als Voraussetzung desselben in allen seinen Komponenten anzunehmen seien.
Es erhebt sich die Frage:

> in welchem Sinn und Umfang fallen der
> synthetische und der analytische Be-
> griff auseinander und kann ihr **Zusam-
> menfallen** angenommen werden?

III.

10. — Vorausgesetzt, dass der Versuch, jene Aufgaben zu lösen, überhaupt zu irgendwelchen positiven,
unter einander organisch zusammenhängenden Ergebnissen gelange, wird die Gesamtheit der anzustellen-
den Untersuchungen den Charakter einer Theorie
der Erfahrung tragen.

Diesen engeren Charakter würde indessen der
folgende Versuch nur dann bewahren können, wenn
sein Gegenstand nicht über sich selbst hinaus wiese.
Aber schon wenn wir Erfahrung in einem solchen
Zusammenhang mit einem der principiell wichtigsten
Werte, der Erkenntnis, anzunehmen hätten, dafs
Erfahrung eine Art der Gattung Erkenntnis wäre,
müfsten wir den Kreis unserer Untersuchungen auch

auf die Erkenntnis überhaupt ausdehnen; und das um so mehr, als wir nicht einen allgemein angenommenen, feststehenden Begriff der Erkenntnis voraussetzen dürfen, so daſs etwa die Bestimmung des Artunterschiedes genügte, um die Erfahrung selbst bestimmt zu haben.

11. — Würde aber nach dem Gesagten die Erkenntnis erst selbst zu bestimmen sein, so würde sich ebendamit der engere Charakter einer Theorie der Erfahrung dem weiteren einer Theorie der Erkenntnis annähern müssen.

Und zwar, im Gegensatz zu allen Theorien, welche mehr oder weniger doch nur auf die Bestimmung, bez. *Begründung* dessen ausgehen, was speciell der Autor oder die Schule, der er sich angeschlossen hat — im Unterschied von anderen Autoren und Schulen — unter „Erkenntnis" verstehen; also im Gegensatz zu allen speciellen Erkenntnistheorien würde dies der Charakter einer allgemeinen Theorie der Erkenntnis sein. Das hieſse: einer Theorie, die das Erkennen nach seinem allgemeinen Begriff zu ihrem Gegenstande hätte.

12. — Wenn aber der Zusammenhang der Erfahrung mit der Erkenntnis zu allgemein erkenntnistheoretischen Untersuchungen drängen müſste, so würden gerade diese wieder zu einer ferneren Erweiterung unseres Untersuchungskreises führen. Es ist vergleichsweise leicht, im Sinne einer speciellen Erkenntnistheorie zu bestimmen: 'Dies ist das Seiende, dies sind die Erkenntnismittel (Vermögen, Organe), dies die Erkenntnis' u. s. f. Es ist dabei schon — mehr oder minder unwissentlich und unwillentlich — das Seiende als solches, der Begriff des Erkennens u. a. m. nach irgendwelcher Norm bestimmt worden. Einer allgemeinen Erkenntnistheorie müſsten dagegen gerade die allge-

meinen Normen, denen gemäſs die Individuen das Sein
und das Erkennen, das Erfahrbare und Unerfahrbare,
das Erkennbare und Unerkennbare, das Sichere und das
Fragliche u. s. w. — ja selbst deren Norm, nach welcher
sich ihr Verhalten den Umgebungsbestandteilen gegenüber als Erkennen oder aber Handeln bestimmt, erst nur
Gegenstände der Nachforschung sein. — Und soweit
wir solche Probleme berührten, würden unsere Untersuchungen den Charakter einer allgemeinen Theorie der menschlichen Normen erwerben.

13. — Nun fällt es aber in den Bereich unserer
Annahme, daſs gerade in besonders wichtigen Fällen die
Individuen die Erfahrung nicht schlechthin, sondern
in engstem Zusammenhang mit der Erkenntnis, bez.
Erfahrung als eine Art Erkenntnis, und beide, Erfahrung wie Erkenntnis, in einer wesentlichen Beziehung
auf Seiendes und Nicht-Seiendes, Wahres und Un-
wahres, Gewisses und Ungewisses, Unbekanntes und
Unerkanntes u. s. f. — also in einer wesentlichen Bestimmtheit gemäſs jenen angedeuteten allgemeinen Normen aussagen. Und so müssen wir denn, wenn wir
auch nur die Erfahrung als solche untersuchen wollen,
doch jene Zusammenhänge und Verhältnisse in den
Kreis unserer Nachforschung mit einbeziehen.

Das aber heiſst: unsere Kritik der reinen
Erfahrung wird zwar zunächst und durch-
gehends im Geist einer **Theorie der Erfahrung**
anzustellen sein; das schlieſst jedoch nicht
aus, sondern bedingt vielmehr, daſs sie
zugleich im Sinne einer **allgemeinen Erkenntnistheorie** gehalten und der Bedeutung einer
allgemeinen Theorie der menschlichen Normen nicht
völlig entzogen sei.

Über das Verhältnis von Erfahrung und Erkenntnis zu einander ist an dieser Stelle gar nichts weiter auszumachen — also auch nicht darüber, ob etwa alle Erkenntnisse aus ursprünglichen Erfahrungen stammen und nicht ebensowohl alle Erfahrungen aus ursprünglichen Erkenntnissen abgeleitet werden könnten; oder ob Erkenntnis nicht ebensowohl als eine Art Erfahrung, wie Erfahrung als eine Art Erkenntnis angenommen werden dürfe. Ich möchte nur als bedeutsame Fälle, in welchen Erfahrung als eine Art Erkenntnis faktisch von andersartigen Erkenntnissen unterschieden wird, die folgenden anmerken: Viele Individuen sagen eine *Erkenntnis* Gottes aus — aber als eine solche, welche nicht *Erfahrung* sei; und schätzen die Erfahrung als eine niedrere Erkenntnis. Andere Individuen, welche die *Erkenntnis* Gottes gerade in Abrede stellen, sagen gleichwohl Erkenntnisse aus, denen gar nichts *Empirisches* beigemischt ist; und scheinen denselben ebenfalls in gewissem Sinne eine höhere Dignität vor den empirischen zuzuschreiben.

IV.

14. — Es wird nahe liegen, die n. 7—9 formulierten Aufgaben durch eine unmittelbare kritische Beurteilung der partiellen oder totalen Berechtigung oder Nicht-Berechtigung der Annahme, von welcher wir ausgegangen sind, lösen zu wollen.

Allein, wenn wir nicht einem naiven Kriticismus verfallen wollen, könnten wir darüber: mit welchem *Rechte* jene Annahme gemacht oder angeeignet wurde — in welchen Stücken sie etwa *haltbar* oder *unhaltbar* sein möchte, jedenfalls wenigstens so lange nichts entscheiden, als noch gar nicht bestimmt ist, was überhaupt unter den verschiedenen Momenten der zu Grunde gelegten Annahme zu verstehen sei. Und um das zu bestimmen, verfügten wir wiederum, wenn wir uns nicht von vornherein einer der vielen Erkenntnistheorien blindlings überantworten wollen, über kein anderes Mittel, als die verschiedenen angenommenen Momente einfach zu analysieren.

Die Methode, deren Anwendung wir zur Beant-

wortung unserer gestellten Fragen zu versuchen haben,
ist mithin jene A n a l y s e.

V.

15. — Man kann eine Analyse irgendwelcher Art
nicht anstellen, ohne irgend einen Standpunkt einzunehmen, von dem aus man sie anstellt. Sollen Autor
und Leser zu gemeinsamen analytischen Ergebnissen
gelangen, so müssen sie von einem g e m e i n s a m e n
Standpunkt ausgehen. Es liegt mir mithin ob, einen
gemeinsam einzunehmenden Standpunkt vorzuschlagen.
Lehnt der Leser meinen Vorschlag ab, weil er sich
nicht entschliefsen kann oder will, den angegebenen
Standpunkt zu teilen — nun, so mufs ich eben die
Hoffnung, mich mit ihm zu verständigen, einstweilen
aufgeben.

16. — Als Standpunkt schlage ich denjenigen
vor, welchen die griechische Überlieferung bereits zu
Anbeginn ihrer „Wissenschaft" dem „Philosophen" zu-
weist: er steht im Gewühl des Marktes, aber nicht als
Käufer oder Verkäufer, sondern als Beschauer des
ganzen Treibens; er zieht durch entfernte Lande und
verkehrt mit fremden Völkern, aber nicht wegen irgendwelcher niedrerer oder höherer Geschäfte, sondern der
Betrachtung willen.

17. — Und zwar meine ich diesen Standpunkt
zunächst ganz wörtlich und örtlich: Wir stehen einerseits den Bestandteilen unserer Umgebung, andererseits den menschlichen Individuen in derselben örtlichen Bestimmtheit gegenüber, wie der Reisende der
fremden Landschaft und ihrer Bevölkerung, wie der
Zuschauer auf dem Markt oder im Theater dem Schau-
platz und dem Publikum.

In denjenigen Untersuchungen, deren Gegenstand die menschliche Erkenntnis bildet, scheint ein geheimnisvoller Zwang zu bestehen, den Standpunkt möglichst erhöht oder möglichst vertieft, möglichst abstrakt oder mindestens möglichst principiell zugespitzt zu wählen. Wohin man von diesen in ihrer Art gewiß erhabenen und vornehmen Standpunkten gelange, zeigt der zerfahrene Zustand der heutigen Philosophie.

Diesen Zustand ändern zu wollen, steht mir fern; aus den folgenden Untersuchungen selbst wird hervorgehen, warum ich solches Wollen nicht hegen kann. Ich möchte mich nur entschuldigen, wenn ich versuche, einmal einen bescheideneren Standpunkt für die Untersuchung zu beanspruchen und für bescheidenere Ansprüche zu untersuchen.

VI.

18. — Sofern sich aus der Annahme, welche wir n. 1 angeführt haben, Gegenstand, Aufgabe, Charakter, Methode und Standpunkt des folgenden Versuches ableiten lassen, läßt diese Annahme selbst sich als die Voraussetzung unserer Kritik oder, kurz und technisch, als die empiriokritische Voraussetzung bezeichnen.

Und zwar zunächst nur in dem Sinne, daß jene Annahme eben am meisten geeignet scheinen möchte, das Unternehmen einer Prüfung der Erfahrung als solcher einfach und bequem in Gang zu bringen.

Sodann aber auch in dem Sinne, daß sie zugleich alle Voraussetzungen überhaupt umfasse, deren die Durchführung des geplanten Unternehmens bedürfen sollte.

19. — Um zu sehen, was die Annahme an Nötigem enthalte und was zu enthalten sie nicht nötig habe, heben wir vor allem hervor, daß sie von dem örtlichen Standpunkte aus gemacht ist, welchen wir n. 17 angegeben haben; und daß sie sowohl jeden beliebigen Bestandteil jeder jeweiligen, durch einen beliebigen Standort bestimmten Umgebung als auch alle

beliebigen menschlichen Individuen, sofern sie nur zu
irgendwelcher Aussage dessen, was sie erfahren, befähigt gedacht werden können, umfaſst.

20. — Wir halten also den angegebenen Standpunkt inne und bleiben innerhalb unserer Annahme,
mögen einerseits die Bestandteile unserer Umgebung
als Pflanzen oder Steine, als Berge oder Bäche, als
Mond oder Sonne, als Erde oder Himmel, als Tiere
oder selbst wieder als Menschen zu bezeichnen sein;
und mögen andererseits die menschlichen Individuen
als „geniale" oder „gewöhnliche" zu denken sein, als
Kinder oder Wilde, als Naturforscher oder Theologen,
als allesvermischende Begriffsalchymisten oder alleszer-
malmende Kriticisten. — Nicht anders als dem Getriebe des Kaufhauses oder der Parlamente stehen wir
den Philosophen, ihren Parteien und ihrem Streit
gegenüber.

Immer nehmen wir an: uns örtlich gegenüber
einerseits eine Umgebung mit mannigfaltigen Bestandteilen, andererseits menschliche Individuen mit mannigfaltigen Aussagen; und die Umgebungsbestandteile als
Voraussetzungen des Ausgesagten.

21. — Und sodann, wenn wir die angeführten
Momente auch nur in dem Sinne annehmen, daſs sie
die *Voraussetzungen* einer Kritik der reinen Erfahrung
abgeben, so nehmen wir doch alles das Bezeichnete
ñicht als bloſse Bezeichnungen oder als vage Phan-
tome und leere Schemen an; sondern die Umgebungsbestandteile in all ihrer physikalischen und chemischen,
die menschlichen Individuen in all ihrer anatomischen
und physiologischen, normalen und anormalen Bestimmtheit und Veränderlichkeit; und behandeln somit
eine jedwede Bestimmtheit und Veränderung

solcher Art als in der Breite unserer empiriokritischen Voraussetzung gelegen.

22. — Und ebenso alle Unterschiede, wie sie in Bestimmtheit und Veränderung gesetzt sind. So nehmen wir — als Voraussetzungen unserer Untersuchung — bei den Umgebungsbestandteilen Unterschiede an einerseits der Beschaffenheit, und diese wieder in qualitativer und quantitativer Hinsicht; andererseits der Anordnung, und diese wieder in räumlicher und zeitlicher Hinsicht; nach einer dritten Seite Unterschiede der Einfachheit und Kompliziertheit, und nach einer vierten Seite Unterschiede der Häufigkeit oder Seltenheit, Gleichartigkeit oder Ungleichartigkeit, in welcher sie in der Umgebung wiederkehren.

23. — Diesen Unterschieden in den Umgebungsbestandteilen entsprechend nehmen wir auch die Änderungen der letzteren an als solche der quantitativen oder qualitativen Beschaffenheit, der räumlichen oder zeitlichen Anordnung und der Zusammensetzung; und nehmen alle diese Änderungen wiederum an als häufig oder seltener, als gleichartig oder ungleichartig wiederkehrende. U. s. f.

24. — Was ferner die menschlichen Individuen betrifft, die wir als Aussagende voraussetzen, so nehmen wir sie als hochentwickelte Organismen an, welche von Eltern und Voreltern abstammen, von einem Vater gezeugt, von einer Mutter empfangen und geboren sind, in sprachlicher Gemeinschaft aufwachsen und leben — und nach einer Zeit der Erhaltung sterben werden. Wir nehmen sie an mit allen Änderungen, wie sie die physiologischen Prozesse der Ernährung, des Wachstums, der Bewegung, der Sekretion, der Fortpflanzung u. s. f. zusammensetzen.

25. — Und in Beziehung auf die von menschlichen Individuen gemachten Aussagen, welche die
empiriokritische Voraussetzung in sich schließt, nehmen wir, wie wir die Individuen nicht als bloße
Schemen annehmen, so auch ihre Aussagen nicht als
bloße Geräusche und Klänge an, sondern als Worte,
d. h. als lautliche Symbole für Wahrnehmungen, Erinnerungen, Gedanken etc., oder mindestens als Inter-
jektionen, mit denen etwa eine Überraschung zusammen-
hängt. Aber ebenso nehmen wir auch die „Sekretion
der Thränendrüsen" in vielen Fällen als Weinen an, d. h.
als Konkomitanz einer schmerzlichen Stimmung; die
„stoßweise unterbrochene Exspiration" als Lachen, d. h.
als Konkomitanz eines heiteren Affektes; gewisse Bewegungen innerhalb der Stirn- und Augenpartieen als
Konkomitanz eines Aufmerkens oder Zerstreutseins,
der Frage oder Entschiedenheit, des Verstandenhabens
oder des Unklarseins u. s. w.: sodaß auch diese Bewegungen unter Umständen für uns die Bedeutung
einer Aussage erhalten können.

VII.

26. — So wünschenswert es ist, die Bestandteile
unserer Umgebung und die Werte, welche der Aussage eines Individuums als Ausgesagtes zugeordnet
werden, schon hier auch in gebräuchlichen Benennungen zu unterscheiden, so erschwert dies doch der Umstand, daß solche Ausdrücke bereits aus irgendwelchen
gewohnheitsmäßig gewordenen Anschauungen hervor-
gegangen sind und dann das Bezeichnete leicht in dieselben zurückleiten.

Um uns nun vor den Theorien, die mit den herkömmlichen Ausdrücken der Physiker und Physiologen, der Psychologen und Philosophen verwachsen sind — so verwachsen, daſs vielfach die Verwachsung selbst unbemerkt bleibt —, um uns also vor dem vorzeitigen Einfluſs der Theorien, soviel als wir vermögen, zu schützen, bezeichnen wir jeden der Beschreibung zugänglichen Wert, sofern er als Bestandteil unserer Umgebung vorausgesetzt wird, einfach mit R.

27. — Und dagegen: jeden der Beschreibung zugänglichen Wert, sofern er als Inhalt einer Aussage eines anderen menschlichen Individuums angenommen wird, bezeichnen wir einfach mit E.

28. — Wie wir Wahrnehmungen und Erinnerungen, Gedanken und Gefühle etc. in Bezug auf andere menschliche Individuen wohl nur anzunehmen vermögen, sofern sie in der Voraussetzung unserer selbst enthalten sind; so nehmen wir sie in Bezug auf die anderen Individuen im allgemeinen auch nur im selben Sinne an, in welchem sie Bestandteile der Voraussetzung unserer selbst sind.

29. — Im besondern nehmen wir diese mit E bezeichneten Werte — die E-Werte, wie wir kurz sagen wollen — nicht wie starre Bestimmungslosigkeiten als Voraussetzungen unserer Kritik an, sondern als veränderlich und vielfältig bestimmt; und ebenso setzen wir sie nicht nur in den relativ einfachsten, sondern auch relativ kompliziertesten, in den natürlich primitivsten als auch geschichtlich hochentwickelten Formen voraus.

30. — Die sämtlichen Einzelheiten dieser Art haben wir so wenig anzuführen, wie diejenigen der Umgebungsbestandteile; aber es mag rätlich sein, hier

wenigstens einen Unterschied aus der allgemeinen Annahme der E-Werte nicht unangemerkt zu lassen, der
sich besonders als wertvoll geltend machen dürfte und
bereits die relativ einfachste Wahrnehmung zu betreffen
scheint.

Es ist nämlich in unserer empiriokritischen Voraussetzung überhaupt auch eingeschlossen, daſs die menschlichen Individuen E-Werte nicht nur mit Ausdrücken
wie 'grün', 'blau', 'kalt', 'warm', 'hart', 'weich', 'süſs',
'sauer' u. s. w. bezeichnen, sondern auch mit Benennungen wie 'angenehm', 'unangenehm', 'schön', 'häſs-
lich', 'wohlthuend', 'widerwärtig' u. s. w.

Sofern nun ein E-Wert näher angegeben werden
kann durch Ausdrücke der ersten Art ('grün', 'süſs',
'Ton a'), wollen wir ihn nach dieser Seite bezeichnen
als ein Element. Sofern er aber näher angegeben
werden kann durch Benennungen der letzteren Art
('angenehm', 'unangenehm'), bezeichnen wir ihn als
einen Charakter; und wollen bis auf weiteres alles
zu den Charakteren rechnen, was zu einem andern
E-Wert in einem analogen Verhältnis steht wie das
'Angenehme', 'Unangenehme' u. s. w. zu dem gleichzeitig gesetzten E-Wert einer 'Farbe', eines 'Tones',
'Geruches', 'Geschmackes' u. s. w.

VIII.

31. — Wir haben endlich noch einen Blick auf
die Umgebung zu werfen, sofern sie für irgendwelche
Bestimmtheiten oder Änderungen der menschlichen Individuen die Voraussetzung abgiebt. Unsere allgemeine
empiriokritische Voraussetzung umfaſst ein solches Verhältnis der Umgebung zu den menschlichen Individuen

nach zwei Richtungen, deren erste bereits in n. 1 zum Ausdruck kam, deren zweite sich aus den Bestimmungen ergiebt, die wir mitvoraussetzen, wenn wir überhaupt menschliche Individuen annehmen.

Hinsichtlich der ersteren Richtung enthält unsere Voraussetzung aber nicht nur den Fall, dafs, wenn ein beliebiger Umgebungsbestandteil R gesetzt wird, etwa eine beliebige Erfahrung oder sonst ein beliebiger E-Wert ausgesagt werde; sondern auch den Fall, dafs, wenn — wie z. B. in jedem chemischen oder physikalischen oder physiologischen Experiment — Variationen der R-Werte gesetzt werden, die Aussage der menschlichen Individuen ihrerseits mit Variationen der E-Werte folgt. In solchen Fällen umschliefst unsere empiriokritische Voraussetzung 2 Reihen:

$$1)\ R,\ R',\ \acute{R}'',\ \ldots R^{(n)}$$
$$2)\ E,\ E',\ E'',\ \ldots E^{(n)}$$

deren Glieder bei der einen in der Umgebung unserer selbst, bei der anderen innerhalb des Ausgesagten andererer Individuen verlaufen; und impliziert zugleich, dafs, sofern diese den Variationen jener in bestimmter Weise folgen, die Glieder der zweiten Reihe $E,\ E',\ E'',\ \ldots E^{(n)}$ von den Gliedern der ersten $R,\ R',\ R'',\ \ldots R^{(n)}$ irgendwie a b h ä n g i g anzunehmen sind.

32. — So wie wir aber die Abhängigkeit der Werte der zweiten Reihe von denjenigen der ersten in unserer empiriokritischen Voraussetzung enthalten annehmen und bereits früher einerseits die Umgebungsbestandteile R mit Bestimmtheiten der Beschaffenheit, der zeitlichen und räumlichen Verhältnisse u. s. f., andererseits die menschlichen Individuen mit Bestimmtheiten physiologischer und anderer Art versehen angenommen haben; so umfafst unsere allgemeine Voraus-

setzung auch speciell die Annahme, dafs sich die E-
Werte — in ihrer Abhängigkeit von R-Werten —
sowohl je nach der Beschaffenheit von R, der
Dauer der Zeit, in welcher es gesetzt ist, der Entfernung, in welcher es sich vom Individuum befindet, je nach seiner räumlichen und zeitlichen Anordnung u. dgl., als auch je nach den physiologischen
Umständen, in denen sich das Individuum infolge der
Temperatur, des Luftdruckes u. dgl. befindet, zu modi-
fizieren vermögen.

33. — Ferner umfaſst unsere allgemeine, empiriokritische Voraussetzung folgende specielle Annahmen:

a) Wenn dasselbe R zu verschiedenen Malen gesetzt wird, so ist nicht für jedesmal ein und derselbe E-Wert als zugehörige Abhängige anzunehmen.

So kann von einem Kinde ein Kreis das eine Mal als Téller,
das andere Mal als Mond; ein Quadrat das eine Mal als Bonbon,
das andere Mal als Tisch *gesehen* werden. — Bleibt der R-Wert
längere Zeit gesetzt, so folgen sich zuweilen die verschiedenen E-Werte
unmittelbar: eine freilich höchst problematische Figur, die einen
Baumstumpf darstellen sollte, wurde später von ihrem Zeichner selbst
in einem ersten Moment allerdings als Baumstumpf, in einem zweiten
aber als Merkurhut — von einem anderen unbefangenen Beschauer
jedoch in einem ersten Moment als Schwein und im zweiten als Hut
gesehen. Wenn ein Wort genannt wird, kann darunter zuerst die
eine Bedeutung, sodann eine zweite, dritte, . . . n^{te} *verstanden* werden; ebenso können bei Nennung von Personennamen successiv verschiedene Individuen, die den gleichen Namen tragen, *im Geiste an-
geschaut* werden. In einem Falle *hörte* ein Individuum — es war
an einem Winterabend — ein Geräusch in einem ersten Moment als
den fernen Jubel von Schlittenfahrern, in einem zweiten Moment als
vom Haus herabfallenden Schnee; ein anderes Individuum *hörte* im
selben Geräusch zuerst den Haushund, der eine Katze jage. In
einem anderen Falle *sah* ein Individuum in einem Fenster, seiner
Wohnung gegenüber, etwas Weiſses; es entwickelte sich folgende
Reihe von Werten, *was das sein* konnte: Gardine; weiſser Anstrich;
vorgeklebtes Papier; reflektiertes Licht.

34. — b) Wenn bei gesetztem R ein E-Wert als
zugehörige Abhängige angenommen wird, so ist doch

nicht die Setzung nur dieses e i n e n. E-Wertes anzunehmen; vielmehr können bei demselben R doch verschiedene E-Werte, und es kann jeder E-Wert als
Anfangsglied einer mehr oder minder grofsen Reihe
E_1, E_2, . . . E_n angenommen werden.

An denjenigen E-Wert, welcher von einem bestimmten R-Wert
bedingt wurde, reihen sich andere E-Werte mehr äufserlich an, d. h.
ohne in die scheinbar unmittelbare Bestimmung dessen, was *gesehen*,
gehört etc. wird, bez. was das *Gesehene, Gehörte* etc. *sei*, miteinzu-
gehen: man *denkt* z. B. bei einem Bild, das man *sieht*, bei einem Namen,
den man *hört*, bei einer Anekdote, die man *liest* etc., besonders
häufig an Bilder, Namen, Anekdoten etc., welche dem erstgesetzten
E-Wert ähnlich sind.

35. — c) Wenn R vorausgesetzt ist und eine Reihe
E_1, E_2, . . . E_n angenommen werden mufs, so darf
nicht auch angenommen werden, dafs die einzelnen
Glieder mit dem ersten, zu R gehörigen, verwandt
sein müfsten; sondern es können auch disparate
Elemente auftreten, so dafs von keinem E-Wert versichert werden darf, dafs er nicht einmal in eine sich
bei gesetztem R entwickelnde Reihe einzutreten ver-
möchte.

Der Anblick einer bestimmten Frucht kann eine deutliche Geschmacksempfindung (z. B. der Säure) nach sich ziehen, und umgekehrt, eine Geschmacksempfindung die Vorstellung einer Frucht;
ein Musikstück, das gehört wird, kann die Vorstellung eines Zim-
mers, in dem es einmal gespielt wurde, und der Anblick jenes Zim-
mers umgekehrt die Vorstellung des Musikstückes zur Folge haben;
Gerüche können bestimmte Lebenslagen, in denen sie dereinst wahr-
genommen wurden, vergegenwärtigen, und umgekehrt verwandte Lebenslagen jene bestimmten Gerüche. Ein Betrunkener versetzte beim
Verlassen der Wirtschaft einer vorübergehenden Dame einen Schlag,
und diese fühlte den Schlag noch längere Zeit wieder, wenn sie an
jener Wirtschaft vorüberging. Mit einem Wort: jedes Element aus
dem einen Sinnesgebiet kann sich mit solchen aus jedem anderen
Sinnesgebiet, aber auch mit jedem Charakter — nach dem Sprachgebrauch der gewöhnlichen Psychologie — *associieren*.

36. — Es folgt hieraus,

1) dafs die E-Werte, welche bei Setzung eines

R-Wertes als Abhängige desselben (n. 33) oder als Anschluſs an diese Abhängige (n. 34 u. 35) gesetzt werden, eine Vielheit darstellen können, deren Elemente sich in eine Reihe ordnen;

2) daſs die Anzahl von E-Werten, welche bei gesetztem R-Wert in eine solche Reihe zu treten vermögen, der Denkbarkeit nach eine unbestimmt groſse, der Wirklichkeit nach als eine Auswahl aus dem unbestimmt vielen Denkbaren angenommen werden kann.

Hierbei sind die zur Auswahl stehenden E-Werte als um so mannigfaltiger anzunehmen, je mannigfaltigere R-Werte die Setzung von E-Werten innerhalb der Entwicklung des Individuums (durch fortgeschritteneren Unterricht, durch reichere Erlebnisse etc.) bereits bedingt haben.

Die Ausdrücke „Denkbarkeit" und „Wirklichkeit" nehme ich hier im Sinne des gewöhnlichen Sprachgebrauchs; eine nähere Bestimmung derselben folgt.

IX.

37. — Aber nicht nur als Voraussetzung auszusagender Erfahrung und anderer damit zusammenhängender E-Werte nehmen wir die Umgebung an. Wie wir vielmehr die menschlichen Individuen als in den Processen des Wachstums u. s. w. begriffen angenommen haben (n. 24), so haben wir in einer anderen Richtung die Umgebung ganz besonders und namentlich auch als Voraussetzung ihrer Erhaltung anzunehmen: sofern sie, die Umgebung, es ist, welche als Nahrung und Schutz gewährend gedacht werden muſs. Ebensowenig jedoch, wie wir ein menschliches Individuum ohne alle Umgebung annehmen, haben wir es

in einer Umgebung vorauszusetzen, welche eine a b -
s o l u t e Erhaltung gewährleistete. — Und wenn wir
wiederum nur eine Umgebung in unserer Voraussetzung enthalten erachten, welche nicht ohne gefähr-
dende und schädliche Bestandteile ist, so umfaſst doch
andererseits unsere Annahme eine Fähigkeit des menschlichen Organismus, sich unter solchen Schädigungen
und Verminderungen seiner Erhaltung von sich selbst
aus innerhalb gewisser Grenzen zu behaupten — also
auch in solchen Fällen, wo die Umgebung für sich
allein nicht zugleich und sofort wie die Schädigung
so auch die Abwehr bedingte.

X.

38. — Die voraufgehenden Bemerkungen haben
unsere empiriokritische Voraussetzung genügend auseinander gefaltet, um in den allgemeinsten Umrissen
erkennen zu lassen: was alles, das für unsere Kritik der
reinen Erfahrung nötig sein möchte, sie in sich berge.
Sache der folgenden Analyse wird es sein, wo immer
ihr Fortschritt es erfordert und soviel als immer
unser Zweck erheischt, ein Weiteres und Specielleres
hervorzuheben. Aber auch nur dann und nicht mehr.

Für jetzt bleibt nur noch übrig, ganz kurz anzudeuten, was unsere Voraussetzung nicht enthalte und
zu enthalten auch nicht nötig habe:

Die empiriokritische Voraussetzung soll — der
Idee nach   alles Material in sich schlieſsen, woraus
sich die philosophischen Systeme und speciellen Er-
kenntnistheorieen entwickeln; aber — dem Ideal nach —
nichts, wozu es System und Theorie erst machen.

39. — Das heiſst:

Die empiriokritische Voraussetzung fügt den Begriffen, welche die Analyse ihrer einzelnen Annahmen ergeben möchte, keine weitergehenden Voraussetzungen hinzu. Wer die empiriokritische Voraussetzung macht, ist in nichts gebunden, auch des ferneren anzunehmen, daſs z. B. mit dem Begriff der R-Werte auch schon irgend welcher Begriff der „Materie" oder eines „Erkenntnisobjektes" oder der „Dingheit" oder gar der „Substantialität" gesetzt oder nicht gesetzt sei; oder mit dem Begriff der E-Werte bereits irgend ein „Seelen"-Begriff oder nur ein Begriff des „Bewuſst-seins", dieser „Urthatsache κατ᾽ ἐξοχήν". Er hat sich nicht verpflichtet, mit dem vorausgesetzten Begriff des Verhältnisses der E-Werte zu den R-Werten sofort eine Annahme über dessen „Möglichkeit", Art und Umfang zu verbinden; oder mit dem Begriff der Abhängigkeit überhaupt irgendwelchen Begriff der „Kausalität", oder der „Notwendigkeit" bez. der „Frei-heit"; oder ganz allgemein mit dem Begriff unserer Voraussetzung schon einen Begriff des „Seins" oder der „Erscheinung", der „Realität" oder „Idealität" u. s. w.

Wie die folgende Untersuchung keine weiteren Voraussetzungen verlangt, so muſs sie aber auch alle Verbindlichkeit für Konsequenzen, die von anderweiten Voraussetzungen her an sie herangebracht werden möchten, ablehnen.

ERSTER TEIL

UNSERE UMGEBUNG UND DAS SYSTEM C.

ERSTER ABSCHNITT.
Unsere Umgebung.

ERSTES KAPITEL.
Allgemeine Begriffe.

I.

40. — Die erste Aufgabe, welche sich für eine Kritik der reinen Erfahrung aus den Begriffen der letzteren ableitete, ergab die Frage:

> in welchem Sinn und Umfang können überhaupt Bestandteile unserer Umgebung als **Voraussetzung** der Erfahrung angenommen werden?

Da sich die gestellte erste Frage auf die *Voraussetzung* der Erfahrung richtet, sofern diese Voraussetzung in Bestandteilen unserer Umgebung beschlossen bleibt, haben wir zu ihrer Beantwortung die Gesamtheit dessen, was wir von unserem Standpunkt aus als unsere Umgebung annehmen, einer Analyse zu unterwerfen.

Ehe wir dieselbe indes anstellen können, müssen wir uns über einige Bezeichnungen allgemeinerer Art verständigen.

41. — Denken wir uns zwei der in unserer all-

gemeinen empiriokritischen Voraussetzung enthaltenen
Veränderlichen V_1 und V_2 gleichgültig wie, aber jedenfalls derart zusammenhängend, dafs mit Änderungen
von V_1 auch Änderungen von V_2 gesetzt sind, so bezeichnen wir V_1 in Bezug auf V_2 als Änderungsbedingung; die Änderungen dagegen der zweiten
Veränderlichen V_2 als in Bezug auf V_1 bedingte
oder abhängige, kürzer als von V_1 bedingte oder
abhängige; und befassen endlich beide Veränderliche
unter den Begriff eines Systems.

42. — Sofern alle nach unserer Voraussetzung
gesetzten Umgebungsbestandteile als veränderlich und
ihre Änderungen als voneinander in der oben angedeuteten Weise abhängig gedacht werden, denken
wir sie untereinander die mannigfaltigsten Systeme
mannigfachster Gröfse und miteinander ein einziges
allumfassendes System bilden, das wir vorläufig als
System R bezeichnen.

Jeden Umgebungsbestandteil als Bestandteil des Systems R
denken wir als Individuum; daher weder ein Individuum als
System R, noch das System R als Individuum.

43. — Hinsichtlich eines beliebigen Systems von
Umgebungsbestandteilen, sofern es nur die Bedingung
erfüllt, dafs es mit einem anderen Veränderlichen ein
System höherer Ordnung bildet — also selbst ein
Veränderliches ist, dessen Änderungen irgendwie von
einem anderen Veränderlichen abhängen — bezeichnen
wir die Gesamtheit der Merkmale, durch welche der
Individualbegriff des Systems in einem beliebigen Zeitpunkt τ_1 logisch vollständig bestimmt sein würde, als
die Systembeschaffenheit des Zeitpunktes τ_1.

44. — Denke ich eine solche Systembeschaffenheit in einem folgenden Zeitpunkt τ_2 geändert, so

bezeichne ich die Systembeschaffenheit, wie sie unmittelbar v o r der Änderung gesetzt war, als A n f a n g s -
b e s c h a f f e n h e i t des Systems — und wie sie unmittelbar n a c h jener Änderung gesetzt ist, als E n d -
b e s c h a f f e n h e i t des Systems.

45. — Eine Änderung eines beliebigen Veränderlichen, also auch eines Systems von Veränderlichen,
kann nun aber selbst nicht einfacher gedacht werden,
als daſs das Veränderliche einerseits gedacht wird in
mindestens 2 Zeitpunkten — in einem früheren τ_1 und
einem späteren τ_2 — und andererseits zugleich gedacht wird in τ_2 um eine bestimmte Gröſse positiv
oder negativ vermehrt, welche es in τ_1 nicht besaſs.
Wir verstehen in unserem Falle also zunächst am einfachsten unter dem Ausdruck *Änderung eines Systems*
dessen positive oder negative Vermehrung um diese
bestimmte Gröſse. Bezeichnen wir das System kurzweg
nur mit V, so erhalten wir dementsprechend für die
Endbeschaffenheit eines Systems den analytischen Ausdruck $V + \varDelta V$.

46. — Eine Änderung, bez. eine Endbeschaffenheit irgend eines Systems, welche als Bestandteil der
empiriokritischen Voraussetzung im selben Sinne gesetzt ist, wie etwa die Bewegung meiner Feder, indem
ich diese Worte schreibe, bezeichne ich als w i r k l i c h.

47. — Denke ich, nachdem eine Änderung eines
Systems im Zeitpunkt τ_2 gesetzt ist, nun das System wieder
in die Beschaffenheit v o r seiner Änderung — also in
Zeitpunkt τ_1 — zurückversetzt, aber doch noch in lo-
gischer Beziehung auf diese Änderung, so bezeichne
ich das System als der in τ_2 gesetzt gewesenen Änderung f ä h i g, es selbst mithin als ein in B e z u g a u f
d i e g e d a c h t e Ä n d e r u n g Veränderliches. Und

die betreffende — wie wir sagen wollen — zurück-
gedachte Änderung, bez. die ihr zugehörige Endbeschaffenheit, bezeichne ich als eine in Bezug auf
das System mögliche.

48. — Vermehre ich die Voraussetzung eines
Systems um die Voraussetzung einer Änderungsbedingung überhaupt, so bezeichne ich jede solcherart vor-
ausgedachte Systemänderung, bez. Endbeschaffenheit,
sofern nur ihr Begriff dem allgemeinen Begriff des
vorausgesetzten Systems selbst nicht widerspricht, als
denkbar.

49. — Ist im Zeitpunkt τ_2 eine Änderung, bez.
ıdbeschaffenheit eines Systems gesetzt, welche ich
für den Zeitpunkt τ_1 als mögliche oder denkbare bezeichnet habe, so benenne ich diese Änderung, sowie
die mit ihr gesetzte Endbeschaffenheit, nachdem sie
also gesetzt sind, als verwirklichte, bez. als Verwirklichung der denkbaren oder möglichen
Änderung, bez. Endbeschaffenheit.

50. — Erfordert dagegen die Widerspruchslosig-
keit mit den Voraussetzungen, eine Änderung, bez. die
ihr zugehörige Endbeschaffenheit, als verwirklicht zu
denken, so bezeichne ich sie als notwendig.

Den eingeführten Bezeichnungen soll keine andere als eine logische Bedeutung beigelegt sein.

51. — Unter Änderungszeit verstehe ich die
Zeit, welche das System bedarf, um eine denkbare
Änderung zu verwirklichen.

Diese Änderungszeiten, wie gleich hier bemerkt werden mag,
denken wir uns nicht für alle Systeme als unveränderliche; eine
Annahme dieser Art würde unserer allgemeinen empiriokritischen
Voraussetzung widersprechen.

II.

52. — Angenommen, das Symbol $V + \varDelta V$ bezeichne nicht eine Änderung im allgemeinen, sondern eine ein-deutig bestimmte konkrete Änderung des Systems V, welche im Zeitpunkt τ_2, als ein eindeutig bestimmter Umgebungsbestandteil R_x gesetzt wurde, gleichfalls gesetzt war. Versetzen wir uns nun in den Zeitpunkt τ_1 zurück, so verbleibt diejenige Änderung von V, auf welcher die Endbeschaffenheit $V + \varDelta V$ beruhte, als *mögliche;* V selbst aber nimmt die Bedeutung der G e - s a m t h e i t   d e r j e n i g e n   B e d i n g u n g e n   an,   u n t e r   w e l c h e n   die betreffende Änderung,   s o w e i t   s i e   v o n   V   a l l e i n   a b h ä n g t,   eben als mögliche bezeichnet werden kann.

53. — Hieraus folgt nun aber:

Bezeichne ich eine specielle Änderung von V als *möglich,* so kann ich ebendieselbe Änderung auch so-lange n i c h t als *wirkliche* bezeichnen, als ich die Summe ihrer Bedingungen auf die in V allein enthaltenen Be-dingungen beschränke.

Soll mithin eine specielle Änderung, nachdem sie in τ_1 als mögliche (gemäfs dem Vorhergehenden) be-zeichnet werden durfte, in τ_2 als wirklich bezeichnet werden, so mufs die Summe ihrer in V allein enthal-tenen Bedingungen um mindestens eine vermehrt wer-den; welche also vorher in V nicht mitenthalten war.

54. — Diese aufserhalb V verlangte Mitbedingung, welche zu den innerhalb V enthaltenen hinzutreten mufs, um eine *mögliche* Änderung als *wirklich* bezeich-nen zu lassen, nennen wir die K o m p l e m e n t ä r - b e d i n g u n g der zugehörigen Änderung; die in V enthaltenen Bedingungen ihre s y s t e m a t i s c h e n Vor-

bedingungen. — Im angenommenen Falle ist also
R_x die Komplementärbedingung.

55. — Die Zusammensetzung der systematischen
Vorbedingungen und der Komplementärbedingung bezeichnen wir als Bedingungsgesamtheit.

56. — Es kann hiernach eine als *möglich* bezeichnete Änderung nur für den Fall als *wirklich* bezeichnet werden, dafs nicht die eine oder andere ihrer Bedingungen, sondern ihre Bedingungsgesamtheit
gesetzt wird.

III.

57. — Aus n. 44 u. 45 ergiebt sich für die Endbeschaffenheit eines Systems:

> Wird die Änderung einer Anfangsbeschaffenheit
> als Folge der Setzung einer Änderungsbedin-
> gung gedacht, so kann die Endbeschaffenheit
> nicht durch die Änderungsbedingung allein, son-
> dern sie mufs auch durch die Anfangsbeschaffen-
> heit des geänderten Systems bestimmt gedacht
> werden.

ZWEITES KAPITEL.

Die Bestandteile.

I.

58. — Beginnen wir alles in der empiriokritischen
Voraussetzung Enthaltene zu zerlegen, so stellen wir
zunächst, im Sinne unseres Standpunktes und Zweckes,
auf die eine Seite dasjenige Glied der n. 20 gesetzten
Relation, welches als der Aussagende gedacht wird:
der Mitmensch oder Mensch schlechthin — das menschliche Individuum.

Ihm gegenüber stellen wir sodann alles das, was
mit dem Menschen in einem solchen Verhältnis stehend
gedacht werden kann, dafs, wenn es gesetzt ist, auch
Änderungen jenes Menschen gesetzt sind; alles also,
was in Bezug auf den bestimmten Menschen als Änderungsbedingung gedacht werden kann.

59. — Auf alles andere, was zu denken man
noch versuchen wollte, reflektieren wir nicht weiter,
da es, nach unserer Forderung, nicht als Änderungsbedingung in Bezug auf den bestimmten Menschen,
mithin nur als für ihn und sonach auch als für uns
bedeutungslos gedacht werden könnte.

Die Gesamtheit aber alles dessen, was in Bezug auf
den bestimmten Menschen als Änderungsbedingung gedacht ist, bezeichnen wir in Übereinstimmung mit n. 20
als die Umgebung des Individuums oder die
individuelle Umgebung. Wenn wir im Weiter-
verlauf unserer Untersuchung schlechthin von Umgebung sprechen, so meinen wir damit die *individuelle
Umgebung* — also unsere Umgebung, sofern sie mit
der Umgebung des Individuums zusammenfällt.

II.

60. — Man kann nun die Umgebung des Individuums nach zwei Seiten einer für uns wichtigen Einteilung unterwerfen, je nachdem man von einem —
sagen wir „pädagogischen" oder einem — sagen wir
„physiologischen" Gesichtspunkt aus die Einteilung
unternimmt.

61. — In ersterer Hinsicht erhält man dann den
Unterschied der individuellen Umgebung als „Örtlich-
keit" und als „Gesellschaftskreis".

62. — In der letzteren Hinsicht wird dagegen die Umgebung in einem andern Sinne als Änderungsbedingung für den bestimmten Menschen gedacht, wenn ihre Bestandteile zu diesem in das Verhältnis eines *Unterrichtsstoffes* oder eines *Nahrungsstoffes* treten. Dementsprechend teilen wir auch die Umgebungsbestandteile — nicht an sich selbst, sondern in ihrem Verhältnis als Änderungsbedingung für den Organismus — wieder ein; und befassen unter die Bezeichnung S alles was, dem Organismus von aufsen zugeführt, seinen Stoffwechsel bedingt und bildet, während wir das schon angenommene Symbol R zugleich verwenden zur Bezeichnung alles dessen, was, seinem allgemeinen Begriffe nach, in der Sprache der Physiologie als „allgemeiner oder specifischer Reiz einen Nerven erregen kann".

Es ist also in der *Umgebung des Individuums* nichts gedacht, was nicht in der angegebenen Weise den Organismus ändern **kann**, obwohl es ihn nicht notwendig zu ändern **braucht**. Beispielsweise ist der mechanische Druck oder Stofs ein „allgemeiner Reiz", er kann aber auch unter Umständen den Organismus zermalmen; „chemische Einwirkung" ist gleichfalls ein „allgemeiner Reiz", sie kann unter Umständen aber den Organismus vergiften. Selbst „specifische Reize", wie Licht und Schall, können unter Umständen den betreffenden Sinnesapparat zerstören.

Wie nichts in der *individuellen Umgebung* vorausgesetzt ist, was nicht einen Nerven „erregen" kann, so möchte ich auch alles, was solcherart den Organismus ändert, der *individuellen Umgebung* zurechnen, mag es selbst seinen augenblicklichen Ort innerhalb des Organismus zugewiesen erhalten haben; d. h. in letzterem Fall als ein sog. „innerer", bez. „centraler Reiz" zu bezeichnen sein.

III.

63. — Da nun nach unserer Voraussetzung einerseits und nach unserem Begriff vom System (n. 41) andererseits auch jeder bestimmte Mensch als aus einer Mehrheit von Teilsystemen zusammengesetzt und in dieser

Zusammensetzung von Teilsystemen zu einem Ganzen auch wieder als ein System für sich zu betrachten ist, so haben wir den Begriff des bestimmten Menschen als eines Systems von Teilsystemen weiter zu zerlegen. Und um hierzu einen für unsere Zwecke dienlichen Gesichtspunkt zu gewinnen, verfolgen wir eine Seite der empiriokritischen Voraussetzung weiter.

Die innerhalb derselben enthaltene Annahme n. 31 läfst sich nämlich formulieren zu folgendem

Satz I: In einigen Fällen, wenn R gesetzt und E anzunehmen ist, ist auch E irgendwie abhängig von R anzunehmen.

64. — Wenn ich nun auch in einem beliebigen Fall des obigen Satzes den Wert E von einem Umgebungsbestandteil R abhängig denke, so kann ich E wiederum doch nicht unmittelbar von R abhängig denken. Denn gebe ich z. B. einem (wachen) Individuum eine schwingende Stimmgabel in die Hand, so würde dasselbe ein zugehöriges E, das man als 'Ton' bezeichnet, nicht aussagen können, wenn die Hörnerven an ihrem peripherischen oder centralen Ende oder in ihrem Verlaufe zerstört wären. Und ebenso würde das Individuum keine 'Farbe' aussagen, wenn die Netzhaut seiner Augen vernichtet oder die Sehnerven durchschnitten oder deren centrale Endigungen entartet wären. So würde auch kein als 'Härte' oder 'Kühle' zu bezeichnendes E anzunehmen bleiben, wenn die Haut oder die Tastnerven oder deren centrale Endigungen verwüstet wären.

65. — Ebenso würde aber auch keine Bewegung des Individuums erfolgen, wenn die peripherische Verbindung des motorischen Nerven mit dem Muskel oder der Bewegungsnerv selbst unterbrochen wäre, oder

sein centraler Ursprung, etwa durch Blutergüsse, eine
gröfsere Störung erlitten hätte.

66. — Da es nun gerade diese Teilsysteme sind, die
für unsern Zweck fast ausschliefslich in Betracht
kommen dürften, so mufs es uns freistehen, eine solche
Analyse des als „Mensch" bezeichneten Gesamtsystems
anzustellen, wie sie auch unserm Zwecke am dien-
lichsten ist.

Demgemäfs unterscheiden wir am menschlichen
Individuum vorerst nur zweierlei:

I) das Nervensystem,

II) die Gesamtheit der übrigen Teilsysteme.

Die weitere Zerlegung von II werden wir, wenn
wir sie brauchen, von den Specialwissenschaften ent-
lehnen; für die weitere Analyse von I sorgen wir
wieder nur im Sinne unseres Zweckes und nur soweit, als derselbe erfordert.

IV.

67. — Das Nervensystem, obgleich schon an sich
ein Teilsystem, denken wir uns, im Sinne der Ana-
tomie und Physiologie, wieder selbst als zusammengesetzt aus mannigfaltigen Teilsystemen höherer und
niederer Ordnung. Für unsern Zweck genügt es,
zunächst einfach zwischen Nervenfasern und centralen
Gebilden zu unterscheiden; die übliche weitere Einteilung der Nervenfasern in centrifugale, centripetale
und intercentrale, der centrifugalen in motorische und
sekretorische (die trophischen Fasern sind nicht gesichert), der centripetalen in sensible und reflektorische — werde aber erwähnt, um einen zu machen-
den Unterschied innerhalb des für uns wichtigsten
centralen Systems, des Gehirns, vorzubereiten.

68. — Wie nämlich E nicht unmittelbar abhängig ist vom Umgebungsbestandteil R, so hängt es — ganz allgemein betrachtet — auch nicht unmittelbar vom äuſsersten peripherischen Nervenende ab; denn es lassen sich Fälle von E auch ohne Beteiligung peripherischer Endigungen annehmen, wie z. B. die sog. „Empfindung" amputierter Extremitäten. E-Werte hängen aber auch nicht notwendig von der Nervenfaser unmittelbar ab; denn wir können wiederum solche Werte annehmen bei Wegfall der betreffenden Nervenfasern, wie z. B. sog. Gesichtshallucinationen bei atrophischem Sehnerv[1]).

69. — Verfolge ich mithin ein solches nervöses Gebilde von seinem äuſsersten peripherischen Ende an, durch die Faser hindurch und in das Gehirn hinein, immer weiter, so muſs ich ein nervöses Teilsystem erreichen, von welchem E schließlich unmittelbar abhängt, d. h. welches ich nicht mehr in (experimentellen oder pathologischen) Wegfall gebracht annehmen könnte, ohne daſs ich auch das von ihm abhängige E — eben als von ihm abhängig — in Wegfall gebracht annehmen müſste.

70. — Wie dies angegebene centrale Teilsystem als der Ort gedacht wird, in welchem alle Endigungen centripetaler Nerven, soweit wenigstens von diesen Endigungen E-Werte unmittelbar abhängen, vereinigt sind, so muſs es auch als der Ort gedacht werden, wo alle centrifugalen Nerven ihren Ursprung haben, soweit wenigstens ihre Funktion, welche weiterhin in einer Muskelkontraktion oder Drüsensekretion aufhört, doch an ihrem centralen Ende — in zeitlichem Zusammenhang mit E-Werten — ihren Anfang nimmt.

71. — Dieses nervöse Teilsystem, welches die von

3*

der Peripherie ausgehenden Änderungen in sich sammelt und die an die Peripherie abzugebenden Änderungen verteilt, schien mir, von dem umfassenden System von Centralorganen noch begrifflich besonders zu unterscheiden für unsern Zweck dienlich; während ich seine nähere anatomische und physiologische Bestimmung — als nicht so gesichert wie seine Annahme überhaupt — dahingestellt sein lasse und, weil unseren Zielen abgelegen, ohne Schaden dahingestellt sein lassen kann. Das angenommene Teilsystem selbst bezeichne ich einfach als das System C.

Es ergiebt mithin die Zerlegung des Nervensystems für unsern Zweck:

A) das System C,

B) das übrige Nervensystem.

V.

72. — Zu einer weiteren Unterscheidung bezüglich des Systems C liefse sich der Gesichtspunkt aus der Voraussetzung gewinnen, dafs weder jede einzelne zugehörige „Funktion" das ganze System C, noch auch die Gesamtheit aller zugehörigen Funktionen nur einen einzelnen Teil des Systems C zu ihrer Vollziehung beanspruche.

Das aus dieser Voraussetzung belebte Streben, zu gegebenen Funktionen die bestimmten Partieen des Systems, bez. zu gegebenen Partieen des Systems C die bestimmten Funktionen zu finden, hat zu dem Versuch geführt, jede Funktion einem abgegrenzten Bezirk zu überweisen und somit das Organ selbst in solche räumlich nebeneinander gelagerte „Centren", „Sphären" und dergl. einzuteilen.

Auf diese Einteilungen hier zu reflektieren, liegt nicht unbedingt in unserer Aufgabe; sie sind für die Gehirnanatomie und Physiologie wichtiger als für uns, und zudem stehen sich in dieser Frage die einzelnen Theorieen sowohl den allgemeinen Gesichtspunkten nach, als auch — durch letztere beeinfluſst — in ihren „Beobachtungen" feindlich gegenüber.

Sofern nun aber die Hirnphysiologie gerade in der räumlichen Bestimmung der den verschiedenen Funktionen zuzusprechenden Teile des centralen Organs mit Widersprüchen belastet erscheint, jedenfalls mit principiellen Schwierigkeiten noch zu kämpfen hat; diese räumliche Einteilung, Begrenzung und Gestaltung für uns aber einstweilen nicht in Betracht kommt, so ist es sicherer für uns und für unsern Zweck doch genügend, wenn wir nur die allgemeine Voraussetzung, die einer Einteilung des Systems C nach bestimmten Funktionen zu Grunde liegt, festhalten, ohne sie von näheren Bestimmtheiten räumlicher Art weiter abhängig zu machen.

73. — Wir begnügen uns demgemäſs mit der ganz allgemeinen Voraussetzung: eine — gleichgültig wie groſse — Vielheit von Formelementen — *Zellen* — habe im Prozeſs der Arbeitsteilung eine bestimmte Änderung übernommen; mag diese nun die Bedeutung einer motorischen, sekretorischen oder sensibeln Funktion haben. Das drücken wir so aus: Eine Vielheit von centralen Formelementen hat sich in einem bestimmten Sinne funktionell verbunden; und wir bezeichnen jede solche Verbindung von bestimmtem Sinn als ein centrales Partialsystem.

74. — Die Bedeutung des centralen Partialsystems

soll uns also bis auf weiteres in erster Linie nur eine
funktionelle sein; nicht eine räumliche — obwohl das
centrale Partialsystem letztlich ebenso ein Räumliches
ist als das System C selbst. Und fassen wir das
Centralorgan C, soweit es eben *Organ* ist, dem Gesagten entsprechend, als Gesamtheit centraler
Partialsysteme auf, so lassen wir doch dahingestellt, ob die letzteren nun genauer als nebeneinander
gelagert oder sich gegenseitig durchsetzend, mit oder
ohne gemeinsame Formelemente, scharf abgegrenzt
oder verstreut u. s. w. zu denken sein sollen.

75. — Denkt man zwei oder mehrere Partialsysteme
wiederum funktionell verbunden, so mögen solche
Partialsysteme höherer Ordnung etwa als Koordi-
nationssysteme bezeichnet werden, die sich dann
wieder zu Koordinationssystemen höherer Ordnung
vereinigen können.

76. — Nach anderer Richtung würden innerhalb
dieser Partialsysteme dann solche zu unterscheiden
sein, welche sich durch gröfsere formelle und funktionelle Entwicklung vor anderen desselben Systems C
auszeichnen. Diesen letzteren Unterschied wollen wir
mit den Benennungen Haupt- und Nebenpartialsysteme versehen.

77. — Geht die erste Unterscheidung auf die Zusammensetzung der Partialsysteme, die zweite auf ihre
formelle und funktionelle Entwicklung, so ist endlich
drittens noch hinsichtlich ihrer funktionellen Beziehung
derselbe Unterschied zu machen, den wir bei den Fasern (n. 67) und auch bei den Partialsystemen selbst
(n. 73) im Vorbeigehen berührt hatten:

Je nachdem wir von einem centralen Partialsystem einen E-Wert — im Sinne unserer Voraus-

setzung — unmittelbar abhängig denken, oder seine Änderung in eine Bewegung, bez. in eine Sekretion auslaufend anzunehmen haben, erhalten wir ein sensibles oder ein motorisches, bez. sekretorisches centrales Partialsystem.

78. — Innerhalb der sensibeln Partialsysteme mag es dann einen weiteren Unterschied für uns machen, ob die Änderung, welche in ihm ihren Ort findet, auf einem Umgebungsbestandteil beruht, sofern dieser von aufserhalb des Organismus in specifischer Art an einen peripherischen Endapparat herantritt (wie z. B. Schallwellen an den Endapparat der Hörnerven oder gasförmige Stoffe an die Endapparate der Riechnerven); oder ob die Änderung des Partialsystems ihren Ursprung innerhalb des Organismus selbst nimmt, insofern der Funktion oder jeweiligen Beschaffenheit seiner peripherischen Organe eine Änderung in einem sensibeln Partialsystem entspricht. Die centralen Partialsysteme der ersteren Art mögen ihre Benennung als sensible beibehalten; dagegen wollen wir diejenigen der letzteren Art als sensuelle und beide Arten zusammen (also den gemeinsamen Begriff beider) als sensorische bezeichnen[2]).

VI.

79. — Dem Gesagten lassen sich zwei Sätze entnehmen.

Nachdem nämlich der Begriff des Systems C gewonnen ist, kann der Inhalt der n. 68 ff. ausgesprochen werden in folgendem

Satz II: In jedem Fall, in welchem E von R ab-

hängig angenommen wird, wird E unmittelbar von C abhängig angenommen.

80. — Da nun aber aus derselben Voraussetzung,
aus welcher Satz I folgte, sich weiter folgern läfst,
dafs ehe nicht die Glieder der Reihe R_1, R_2, ... R_n
gesetzt waren, auch nicht die Glieder der Reihe E_1, E_2, ...
E_n anzunehmen sind, so ergiebt sich, dafs E von R
abhängig nur anzunehmen ist, sofern die Setzung von
R eine Änderung von C bedingt. Wir erhalten
also den

Satz III: In jedem Falle, in welchem E von R ab-
    hängig angenommen wird, wird E unmittelbar
    abhängig von einer Änderung von C ange-
    nommen.

81. — Gemäfs Satz III behandeln wir von unserem empiriokritischen Standpunkt aus in dem Abhängigkeitsverhältnis zwischen E und der Änderung
von C die Systemänderung als die Unabhängige,
E als die Abhängige.

Ebensowenig wie wir (vgl. n. 39) über die Abhängigkeit von
E und R weitere Voraussetzungen machten, so hier über die Ab-
hängigkeit der Systemänderung von R und über diejenige des E-
Wertes von der Systemänderung.

DRITTES KAPITEL.
Die Änderungen.

I.

82. — Da nach unserer Voraussetzung die Umgebung des Individuums und das Individuum selbst als
Veränderliche anzunehmen sind, so wird sich die wei-

tere Zerlegung auf die Arten und Größen ihrer Änderungen zu richten haben, sofern solche überhaupt
für uns in Betracht kommen.

Gemäß der Einteilung unseres einzuteilenden
Ganzen in (individuelle) Umgebung und Individuum
(n. 58 und 59) teilen wir nun auch die Änderungen
ein in

    I. Änderungen der Umgebung, und

    II. Änderungen des Individuums.

83. — Die Umgebungsänderungen (I) teilen wir nach eventuellem Bedarf in der gleichen
Weise ein, wie die Specialwissenschaften die Bewegungen und Beschaffenheitsänderungen von Umgebungsbestandteilen.

84. — Die große Anzahl der Änderungen der
Gattung II, also des menschlichen Individuums als
Ganzem und in seinen Teilsystemen, sämtlich durch
eine umfassende Einteilung aufzuzählen, ist gleichfalls
unseres Amtes nicht. Wir beschränken uns, im Sinne
unserer Aufgabe, auf die folgende Einteilung:

A) Änderungen solcher nicht-nervöser Teilsysteme
und Systemteile, welche durch eine nervöse Verbindung mit dem System C in demselben irgendwie vertreten sind und dadurch auch mit demselben in einem
Abhängigkeitsverhältnis stehen;

B) Änderungen des Nervensystems selbst;

C) Änderungen, welche nicht zu A) oder B) gehören. —

Indem wir von den Änderungen der Art C, als
für unsern Zweck nicht erfordert, ganz absehen, werden wir von den Änderungen der Art A und B —
soweit solche uns überhaupt wichtig sind — eine

solche Einteilung aufzustellen suchen, welche wieder
unserm Zwecke am besten entspricht. Ebensowenig
wie Vollständigkeit soll absolute Abgrenzung der ein-
geteilten Glieder beansprucht werden.

85. — Die Änderungen der Art A lassen sich
einteilen in die Unterarten:

1. Änderungen, mit denen eine Änderung des Ortes
   verbunden ist; und zwar
   a) Ortswechsel des Individuums, und
   b) Ortswechsel des Umgebungsbestandteiles, — oder
   c) Aufhebung eines Ortswechsels der Unterart
      a und b.

2. Änderungen, mit denen eine Änderung des
   Umgebungsbestandteiles verbunden ist; und zwar
   a) Nahrungsaufnahme;
   b) Begattung (bez. Befruchtung);
   c) Aufhebung bestehender Änderungen, und zwar
      im Sinne
      α) der Erhaltung (Pflege, Schutz);
      β) der Vernichtung (Beschädigung, Zerstörung;
         Verletzung, Tötung).
   d) Umbildung.

3. Änderungen ohne gleichzeitige Änderungen des
   Ortes oder der Umgebungsbestandteile; und zwar
   a) alle sog. physiologischen Funktionen der im
      System C vertretenen Organe, welche jenen
      unter 1 und 2 angeführten Änderungen nicht
      dienen; z. B. Akkommodation der Linse und
      des Trommelfellspanners, Verengung und Er-
      weiterung der Pupille, Sekretionen, Änderun-
      gen der Herz- und Atmungsthätigkeit u. s. w.;
   b) Wärme- (und Elektricitäts-)entwicklung;
   c) Verdauungs- und Ernährungsprozesse.

Solche Änderungen nehmen wir einzeln, gruppen- und reihen-
weise auftretend an. Wenn wir aber Wiederholungen mehr oder
minder zusammengesetzter Reihen solcher von C abhängigen Änderungen annehmen, so ist deren Zusammensetzung doch nicht als in
jedem Fall unverändert anzunehmen.

86. — Die Änderungen der Art B, also des
Nervensystems, teilen wir für unsern Zweck zunächst
ein in

1. Änderungen des Systems C;
2. Änderungen des übrigen Nervensystems.

Diese letzteren sub 2 angemerkten Änderungen
weiter einzuteilen, liegt wieder unserer Aufgabe fern.

II.

87. — Indem wir uns nun zur Auseinanderlegung
der Änderungen von C selbst wenden, suchen wir den
leitenden Gesichtspunkt hierfür unserer Voraussetzung
selbst zu entnehmen. Wir vergegenwärtigen uns daher, dafs Satz I—III (nn. 63, 79, 80) die Werte R und
E nur als ganz abstrakte Begriffe enthalten: was von
ihnen gesagt wurde, ward von ihnen gesagt nicht
sofern die Symbole R und E konkrete Individuen,
sondern einfach Gattungen repräsentierten.

88. — Nehmen wir R als *Änderungsbedingung überhaupt* für C zum Ausgangspunkt einer Unterscheidung
der Änderungen von C, so bieten sich uns zwei Wege
dar: wir können entweder den Begriff von R wieder
durch alle denkbaren Determinationen variieren und
somit den Begriff einer Änderung von C überhaupt in
die Einzelbegriffe aller von den Determinationen des
Begriffs R abhängigen Änderungen von C zerlegen;
oder wir reflektieren auf die allgemeinen Änderungen
von C, welche, wenn überhaupt ein unter den Begriff
R subsumierbarer Fall als Bedingung für die Annahme

von E gesetzt ist, in C gegeben sein müssen, damit E
angenommen werden könne.

89. — Da der letztere Weg mehr im Sinne einer
allgemeinen Erkenntnistheorie sein dürfte, so mag der
erstere hier nur soweit begangen werden, als er uns
zu einer Unterscheidung führt, die wir bereits ganz zu
Anfang (n. 62) gemacht haben: die Unterscheidung
der Umgebungsbestandteile als Änderungsbedingungen
für ein bestimmtes menschliches Individuum — und
mithin für C — in die beiden Klassen R und S.

Bezeichnen wir die Änderungen von C, sofern sie
entweder von R oder von S abhängig sind, mit f(R)
und f(S): so haben wir hiermit die Hauptklassen der
Änderungen von C nach ihrer Abhängigkeit von R
unterschieden.

III.

90. — Schlagen wir nun den andern Weg ein,
um die Änderungsarten zu erreichen, welche allgemein, wenn R gesetzt ist, in C gesetzt sein müssen,
damit auch E angenommen werden könne, so dürften
wir am sichersten gehen, wenn wir die Gewinnung
des leitenden Gesichtspunktes für diese in C bean-
spruchten Änderungen mit dem Nachweis verbinden,
daſs ihre Beanspruchung überhaupt eine berechtigte sei.

Zu diesem Zwecke empfiehlt es sich, vor allem
die Abstraktheit der gewonnenen Sätze I—III auch
im Ausdruck zur Geltung zu bringen, indem wir uns
zugleich unserer vorgeschlagenen Terminologie nach
Bedarf bedienen.

Wir resümieren daher das Resultat unserer betreffenden Analyse wie folgt:

Es ist in C ein solches veränderliches System

vorausgesetzt, von dessen durch R bedingte End
beschaffenheit C + ΔC der Wert E unmittelbar
abhängig angenommen wird.

91. — Hieraus folgt:

Es ist im angegebenen Falle E abhängig angenommen unmittelbar von C + ΔC, mittelbar von R als
der Änderungsbedingung jener Endbeschaffenheit. Und
ist diese, die Endbeschaffenheit C + ΔC, also angenommen als die unmittelbare, R als die mittelbare Bedingung von E.

Hiermit ist zunächst auch die Abhängigkeit
selbst des Wertes E von R und C + ΔC nur eben als
logische vorausgesetzt, d. h. die Annahme dieser Abhängigkeit enthält nichts, als daſs, wenn R und C+ΔC
vorausgesetzt sind, dann auch E anzunehmen sei.

92. — Nimmt man nun den Satz, daſs E bedingt
sei durch R und C + ΔC (wie er also genommen
wurde, denn auch mit C + ΔC verhält es sich nicht
anders) ganz abstrakt, so müssen die beiden Bedingungen, wie ihr Bedingtes gleichfalls ganz abstrakt,
d. h. jene als generelle, dieses als ein Gattungsmäſsiges
genommen werden.

Es darf demnach, solange die generellen Bedingungen durch Hinzufügung specieller nicht hinreichend
kompliziert worden sind, der Inhalt des Begriffs E
auch nur ganz allgemein angenommen werden, womit
wiederum noch nicht gesagt sein soll, daſs der angenommene Inhalt nun auch selbst ein ganz allgemeiner
(abstrakter) sei.

93. — Und dagegen: Soll der Inhalt des Begriffs E
als ein ganz specieller gedacht werden, so müssen die
generellen Bedingungen auch durch Hinzufügung ganz
specieller Bedingungen hinreichend kompliziert werden.

94. — Die angegebene Anforderung werde in Bezug
auf R einfach dadurch erfüllt, dafs R durch einen beliebigen, jedenfalls — wenn man will: durch *Aufzeigung* — völlig eindeutig bestimmten Umgebungsbestandteil vertreten wird.

95. — Um derselben Anforderung — soweit dies
für unsern Zweck geboten — in Bezug auf $C + \varDelta C$ zu
genügen, greifen wir aus der allgemein-empiriokritischen
Voraussetzung einen beliebigen Specialfall heraus. Es
sei dies der Fall, dafs bei der *Aufzeigung* eines ganz
speciellen Umgebungsbestandteiles R_x (gemäfs dem unmittelbar Vorhergehenden) ein ganz specieller Wert
von E, den wir also etwa mit E_x zu bezeichnen haben,
anzunehmen war; die zugehörige Endbeschaffenheit
von C bezeichnen wir entsprechend einfach wieder mit
$C + \varDelta C$. Der Voraussetzung nach sei R_x im Zeitpunkt
τ_2 gesetzt und $C + \varDelta C$ im gleichen Zeitpunkt[3]) erfolgend angenommen: der der Aufzeigung von R_x unmittelbar vorangehende Zeitpunkt sei τ_1. So war im
Zeitpunkt τ_1 die Endbeschaffenheit $C + \varDelta C$ nur eine
mögliche (n. 47), C aber stellte die Gesamtheit derjenigen Bedingungen dar, unter welchen die betreffende
Änderung, soweit sie von C allein abhängt, eben als
mögliche bezeichnet werden kann, also die Gesamtheit
der systematischen Vorbedingungen; und R_x endlich
ist diejenige Bedingung, um welche jene Gesamtheit
der systematischen Vorbedingungen vermehrt werden
mufste, damit $C + \varDelta C$ *verwirklicht* werde, also die
Komplementärbedingung (n. 54).

96. — Nun läfst sich aber der allgemeinen, empiriokritischen Voraussetzung entnehmen, dafs, wenn
eine beliebige Endbeschaffenheit von C in einem beliebigen Zeitpunkt τ durch R_x komplementär bedingt

und R_x zugleich in einem früheren oder späteren Zeitpunkt unverändert geblieben ist, doch das in τ angenommene Bedingungsverhältnis zwischen C und R_x
nicht auch in dem früheren oder späteren Zeitpunkt
unverändert gedacht werden mufs.

97. — Mithin:

Wenn wir R_x unverändert geblieben, das Bedingungsverhältnis von C zu R_x aber geändert denken,
so müssen wir auch C geändert denken.

98. — Infolge der Änderung von C und somit
des Bedingungsverhältnisses von C zu R_x ist es denkbar, dafs ein bestimmtes R_x aufhören kann, in einem
bestimmten Falle die Bedeutung einer Komplementärbedingung zu besitzen, oder m. a. W. für eine specielle
Änderung von C die Komplementärbedingung zu sein;
aber ebenso auch, dafs z. B. ein specieller R-Wert,
welcher in einem bestimmten Zeitpunkt für eine bestimmte Änderung von C noch nicht Komplementärbedingung war, in einem späteren Zeitpunkt dazu wird,
oder m. a. W. die Bedeutung der Komplementärbedingung annimmt

99. — Hierdurch überträgt sich einerseits unsere Be-
zeichnungsweise für die Änderungen, bez. Endbeschaffenheiten, vom System C auf die R-Werte als Komplementärbedingungen; d. h. wir dürfen bestimmte R-
Werte unter den gleichen Voraussetzungen, wie bei
jenen, auch als *wirkliche, mögliche* oder nur *denkbare*
Komplementärbedingungen bezeichnen.

100. — Andererseits stellt sich heraus, dafs C
auch als Inbegriff der systematischen Vorbedingungen
nicht als ein geschichts- oder entwicklungsloses Veränderliches vorausgesetzt ist, sondern Bedingungen ent-

hält, welche durch Änderungen erreicht oder verlassen werden.

101. — Diese Änderungen, durch deren Hinweg-
nahme das System C aufhört, die Gesamtheit der
systematischen Vorbedingungen für einen speciellen
E-Wert zu sein, wenn R_x konstant bleibt; bez. durch
deren Hinzufügung ein C zum Inbegriff der systematischen Vorbedingungen für E wird, falls auch R_x
konstant bleibt — scheinen also die Begriffe derjenigen
speciellen Bedingungen zu liefern, mit welchen der
Begriff des Systems C, als der *generellen* Bedingung, für
einen *speciellen* E-Wert kompliziert werden mufs.

Hiermit ist zunächst der leitende .Gesichtspunkt
für die Aufsuchung derjenigen Änderungen von C,
welche wir für unsere Zwecke herauszuheben haben,
gegeben.

IV.

102. — Solche Änderungen von C, infolge deren
R_x für eine bestimmte andere Änderung desselben
Systems in einem späteren Moment Komplementärbedingung werden oder es zu sein aufhören kann,
bezeichnen wir als präparatorische Änderungen.

Innerhalb derselben benennen wir diejenigen Änderungen, auf welchen der Unterschied des Wachens
vom Schlaf physiologisch beruht, die allgemein-
präparatorischen Änderungen; und stellen diesen
gegenüber die speciell-präparatorischen, als
welche erst in Bezug auf das unter die Bedingungen
des Wachseins gestellte System C in Betracht kommen.

Unter *Schlaf* sei mir gestattet, im Sinne meiner Aufgabe hier
nur den traumlosen Schlaf zu verstehen — also eigentümliche
Veränderungen von C, welche den speciellen E-Wert bei Setzung
von R nicht annehmen lassen, obwohl doch sonst z. B. durch schmerz-

hafte Verletzungen und Entzündungen oder durch tiefe Gemüts-
erschütterungen, die Bedingungen zur Annahme von E-Werten gegeben
wären.

Übergangsformen der Bedingungen des Schlafes und des Wachseins scheinen dann der Traum, die Hallucinationen unmittelbar vor
dem Einschlafen u. a. m. anzuzeigen. — Als Grenzfall zwischen die
physiologischen allgemein- und speciell-präparatorischen Änderungen,
welche den Wert von R als Komplementärbedingung zu variieren
vermögen, kann die *Ermüdung* eingereiht werden.

Worin die eigentümlichen Veränderungen von C während der
Ermüdung, des Schlafes und Wachens bestehen, lassen wir dahingestellt.

Wir selbst reflektieren im ferneren auf C nur, soweit es unter
den Bedingungen des Wachseins stehend gedacht ist.

103. — Die speciell-präparatorischen Änderungen
lassen sich dann weiter einteilen in pathologische,
welche also von vorübergehenden oder dauernden *Ano-
malien* des Systems C abhängig vorausgesetzt werden,
und in physiologische, welche wiederum abhängen
teils von den das ganze Leben hindurch gesetzten
Übungen verschiedener Art, teils von den nur in bestimmten Lebensperioden gesetzten normalen *typischen
Entwicklungen*.

Die Frage, ob und inwiefern sich die im typischen Entwick-
lungsgang gesetzten Änderungen letztlich auch als *Übung* auffassen
lassen, gehört nicht mehr hierher.

104. — Um die letzteren vorweg für unsern Zweck
kurz zu erledigen, so umfaßt unsere allgemeine Voraussetzung als solche *typische Entwicklungen* namentlich
das Wachstum, die Pubertät, die Involution und die
senilen Rückbildungsprozesse.

Bei der folgenden Weiterführung unserer einfachen
Zerlegung werden wir nun vorwiegend die *Übung*, als
die das ganze Leben hindurch gesetzten physiologischen
Änderungen, im Auge haben.

V.

105. — Die Entstehung der speciell-präparatorischen Änderungen kann nicht als in einem Zeitpunkt (mit einem Male) vollzogen, sondern mufs als über eine Vielheit succedierender Zeitmomente verteilt vorausgesetzt werden. Jedenfalls mufs ihr die Zeit zugestanden werden, die C gebraucht hat, sich zu dem centralen Organ zu *entwickeln*, als welches es die einschlägigen Specialwissenschaften näher beschreiben; denn eben die *Entwicklungsdifferentiale* begründen schliefslich das System C.

Nun beginnt aber die Entwicklung des Systems C doch nicht erst mit oder nach, sondern schon vor der Geburt des bestimmten menschlichen Individuums und sie wird, in letzter Instanz und gebotener Konsequenz so weit zurückreichend gedacht werden müssen bis ein *der Entwicklung zu C Fähiges* angenommen wird, welches selbst nicht weiter als ein aus noch Früherem Entwickeltes gedacht werden kann.

106. — Durch die Unterscheidung zunächst der vor oder nach der Geburt gesetzten präparatorischen Änderungen ergiebt sich für uns zuvörderst die zweite Einteilung derselben überhaupt in angeborene und erworbene.

Die angeborenen würden dann wieder zu unterscheiden sein in ererbte und kontingente; indem wir unter den ererbten solche zu verstehen hätten, welche aus Änderungen resultieren, deren zugehörige Änderungsbedingungen einfach als mit der Abstammung gesetzt gedacht werden, und unter kontingenten solche, bei denen dies nicht der Fall.

107. — Und endlich würde wiederum innerhalb der ererbten präparatorischen Änderungen zu unter-

scheiden sein zwischen elterlichen und vorelter-
lichen; indem wir unter den ersteren nur diejenigen
ererbten verstehen, deren zugehörige Änderungsbedingungen als mit der unmittelbaren Abstammung —
unter den letzteren diejenigen, deren Änderungsbedingungen als mit der mittelbaren Abstammung gesetzt gedacht werden.

108. — Durch Verbindungen beider Unterschei-
dungen erhalten wir nun auch die Unterschiede einerseits der angeborenen, bez. ererbten und der
erworbenen Übung (wie übrigens auch der angeborenen, bez. ererbten und erworbenen Anomalie).

VI.

109. — Innerhalb der nach der Geburt gesetzten
physiologischen Änderungen, welchen die Bedeutung
von Übungen für C zukommt, unterscheiden wir —
immer: für unsere Zwecke — ferner zwischen ganz
oder nur teilweise vorübergehenden.

Unter einer *ganz vorübergehenden* Änderung werden
wir eine solche zu verstehen haben, welche, wenn R
wieder aufgehoben wird, das System C genau so
zurücklassen würde, wie es vor der mit R gesetzten
Änderung vorausgesetzt wurde. Eine solche Änderung
bezeichnen wir — im Anschluß an unsern früheren
gelegentlichen Wortgebrauch — als funktionelle
oder kurz als Funktion schlechthin.

110. — Unter einer *nur teilweis vorübergehenden*
Änderung werden wir dagegen eine Änderung zu verstehen haben, welche auch, wenn wir R aufgehoben
denken, doch C mehr oder minder intensiv und mehr
oder minder dauernd geändert zurückläßt. Eine solche
Änderung bezeichnen wir als formelle (oder orga-

nische); und erinnern in Bezug auf sie daran, daſs
sie nicht notwendig das ganze System C, sondern nur
denjenigen Teil desselben betreffend zu denken ist, auf
den die mitgesetzte funktionelle Änderung beschränkt
gedacht wurde — also auf das centrale Partialsystem.

Ob Änderungen vorauszusetzen sind, welche streng genommen
ein Partialsystem genau so zurücklassen, wie es vor dem Eingriff
der Änderungsbedingung war — ob also *Funktionen in absolutem
Sinne* in der Breite unserer allgemeinen Voraussetzungen enthalten
seien, bleibe gleichfalls dahingestellt.

111. — Das Remanente einer nur teilweis vorübergehenden Änderung bezeichnen wir als Änderungs-
remanenz; eine Änderung mit relativ kleiner Remanenz als relativ flüchtige, mit relativ groſser
Remanenz als relativ nachhaltige Änderung.

VII.

112. — Eine weitere Einteilung der übungs-
wertigen funktionellen Änderungen gewinnen wir,
wenn wir auf das quantitative Verhältnis derselben zu
ihrer Bedingungsgesamtheit achten. Denken wir nämlich zu einem bestimmten Bedingten W eine andere
Gröſse U als Bedingungsgesamtheit, so kann
W weder gröſser noch kleiner als U gedacht werden;
nicht kleiner, weil sonst U noch nicht die Bedingungsgesamtheit sein konnte; nicht gröſser, weil das Plus
dann nicht mehr zur Bedingungsgesamtheit gehörte.

113. — Muſs mithin jedes Bedingte gleich dem
gesamten Bedingenden gedacht werden, so kann dagegen in unserm Falle das Bedingte, nämlich $C + \varDelta C$
doch sehr wohl gröſser als das Bedingende R gedacht werden: nur wenn man eine zur Setzung von
$C + \varDelta C$ erforderliche Änderung des Systems gröſser
als R denkt, muſs man eingedenk bleiben, daſs

man R nicht als Bedingungsgesamtheit, sondern
blofs als eine der engagierten Bedingungen, nämlich als Komplementärbedingung nehmen darf. In
diesem Sinne können auch wir, wenn wir zwecks unserer Zerlegung alle Änderungen einheitlich auf R
beziehen, auch die funktionellen Änderungen eines
Partialsystems unterscheiden in solche, welche wir
gleich R und in solche, welche wir gröfser als R
denken. Die ersteren benennen wir Änderungsäqui-
valente, die letzteren Änderungsauslösungen oder Auslösungen schlechthin.

114. — Die ausgelösten Änderungen sind einerseits nun wieder zu scheiden in peripherisch und in
intracentral verlaufende; andererseits lassen sie sich
überhaupt als sekundäre bezeichnen — im Gegensatz
zu den auslösenden systematischen Änderungen als
den primären, welche sonach als Komplementärbedingung wieder für die Auslösungen vorauszusetzen sind.

VIII.

115. — Die formellen (oder organischen) Änderungen unterscheiden wir in solche, welche als Di-
mensions- und Gewichtszunahme — und solche, welche
als Ausbildung (bez. Umbildung) der innern Konsti-
tution von Teilen des Systems C gedacht werden. Die
ersteren würden als quantitative, die letzteren als kon-
stitutionelle zu bezeichnen sein.

116. — Sofern die erworbene Übung als Fort-
setzung der angeborenen gedacht werden kann, kann
jede erworbene Übung auch als Übungsvermehrung bezeichnet werden; und zwar als positive,
wenn die zugehörigen Änderungen wiederholt — als

negative, wenn sie nicht wiederholt werden (Übungs-
wegfall, Übungsmangel).

117. — Überall, wo Weiterbildung des Systems
C auf *Übung* beruhend vorausgesetzt wird, da ist also
diese selbst als positive Übungsvermehrung gedacht.
Und entsprechend ist Rückbildung (Degeneration)
gewisser Systemteile (Formelemente), soweit dieselbe
auf Übungs- (Arbeits-) mangel beruhend vorausgesetzt
wird, auf negativer Übungsvermehrung beruhend gedacht.

Dafs wir hiermit die *Übung* nicht als einzige Bedingung der
positiven und negativen Zunahme wie Ausbildung voraussetzen, er-
hellt bereits aus n. 104: die daselbst verzeichneten typischen Entwicklungen inkludieren gleichfalls die letztangeführten Veränderungen
der centralen Partialsysteme.

118. — Die Arbeitsteilung, welche wir n. 73 bereits heranzogen, läfst sich aus der anfänglich angemerkten Voraussetzung, dafs die übenden Umgebungsbestandteile nach Qualität und Quantität verschieden
sind (n. 22), und der jetzt hinzugefügten Annahme
(oben n. 109 ff.), dafs die Übung die formelle und
funktionelle Bestimmtheit, welche die Partialsysteme
voneinander unterscheidet, mitbedinge, in gewissem
Umfange ableiten. Hier darf es uns aber nur darauf
ankommen, ein für unsere Betrachtung wichtiges Moment hinsichtlich der Änderungen des Systems C überhaupt hervorzuheben: das ist die Voraussetzung diffe-
renter Änderungsformen[4]).

119. — Denken wir sonach die Ausbildung (bez.
Umbildung) der centralen Partialsysteme, als fortschrei-
tende formelle und funktionelle Bestimmtheit, von der
specifischen Übung, somit weiterhin von der specifischen
Bestimmtheit der übenden Momente selbst in gewissem
Umfange abhängig; erachten wir ferner in unserer

allgemeinen Voraussetzung übende Momente enthalten, welche innerhalb ihrer qualitativen und quantitativen Verschiedenheiten doch auch wieder zugleich einander mehr oder minder verwandt sind — im Gegensatz zu übenden Momenten, welche aufserhalb jeglicher Verwandtschaft stehend gedacht werden —: so haben wir auch anzunehmen, dafs die von verwandten Änderungsbedingungen geübten Systemteile ihrerseits verwandte Formen ihrer Änderung erwerben. Und wir können die Änderungsformen zunächst ganz allgemein in solche scheiden, welche untereinander mehr oder minder verwandt zu denken sind; und solche, welche nicht.

120. — Innerhalb der Formverwandtschaft können wir wieder die beiden Grenzfälle der einander verwandtschaftlich nächststehenden Formen auf der einen und der entferntesten auf der andern Seite durch die Bezeichnung für jene Seite: *Verwandtschaft im engeren Sinne* — und für diese Seite: *Gegensatz im engeren Sinne* voneinander halten und beide Extreme dann wieder durch allerlei Abstufungen oder Übergänge vermittelt denken.

121. — Die Differenz der funktionellen und formellen Bestimmtheit der Partialsysteme, sofern diese Bestimmtheit von dem Unterschied der übenden Umgebungsbestandteile abhängig angenommen wird, wird als um so gröfsere anzusetzen sein, je mehr ihre Setzung auch von den Unterschieden ererbter Übung (bez. *„angeborener Anlage“*) abhängig gedacht wird. Und ebenso die Differenzierung der Änderungsformen.

122. — Insofern dagegen ererbte Übung (bez. „angeborene Anlage“) ausgeschlossen gedacht werden, müssen auch für die funktionelle und formelle Bestimmtheit eines Partialsystems und für seine Änderungs-

form überhaupt diejenigen Übungen als bestimmend
gedacht werden, denen, mit andern verglichen, das
größere Übungsquantum zukam, d. h. welche
am meisten gesetzt werden.

123. — Wie somit über die Form und Funktion
eines Partialsystems die meiste Übung entscheidend
gedacht werden muß, so muß nun auch über die
Zusammensetzung des Systems C die verschiedenartige
Übung seiner Partialsysteme entscheidend gedacht
werden. Denn wie die centralen Partialsysteme durch
die verschiedenwertige Übung sich nach Form und
Funktion differenzierend angenommen werden, so
müssen sie auch in ihrer relativen Bedeutung für
den gesamten formellen und funktionellen Wert eines
Systems C unterschieden werden. Dieser Unterschied
der, wie wir sie nennen wollen, systematischen
Bedeutung begründet sich also auf den Unterschied
der meistgeübten und daher meistentwickelten Partialsysteme von den mindergeübten und minderentwickel-
ten; und letzterer Unterschied ist es mithin, welchen
wir bereits in der Unterscheidung der Haupt- und
Nebenpartialsysteme fixiert haben (s. n. **76**).

Daraus folgt aber auch eine Unterscheidung der
Änderungen nach der systematischen Bedeutung ihrer zugehörigen centralen Partialsysteme.

124. — Schließlich mag ein Satz angemerkt werden, welcher sich aus den Resultaten unserer letzten
Zerlegung und der Folgerung n. 57 ergiebt:

Wenn der Inhalt der in Bezug auf ein menschliches Individuum gemachten Annahme von E-
Werten überhaupt in einem besonderen Falle
ein speciell bestimmter Wert E_x sein soll, so

muſs — sofern seine Setzung unmittelbar abhängig von einer Endbeschaffenheit des Systems C
und mittelbar abhängig von der Komplementärbedingung R_x gedacht wird, die zugehörige Änderungsform nicht allein in der speciell bestimmten Komplementärbedingung, sondern auch
in der speciell bestimmten Vorbereitung des
Systems C (bez. des centralen Partialsystems)
bedingt gedacht werden.

IX.

125. — Es bleibt noch übrig, zusatzweise aus
unserer allgemeinen Voraussetzung den folgenden, die
Komplementärbedingung betreffenden Specialfall herauszuheben, um durch ihn unsere Zerlegung der Änderungen von C zu vervollständigen, ohne daſs unsere
Ergebnisse dadurch zugleich modifiziert würden.

Angenommen, ein bestimmter Umgebungsbestandteil
R_x bedinge eine Änderung des centralen Partialsystems
c_1 von C_1, die Änderung pflanze sich auf das Partialsystem c_2 fort, dessen Änderungen in eine Bewegung
der Stimmorgane, Gesichtsmuskeln, Arme und Hände
auslaufe, so ist weiter im Sinne unserer Voraussetzung
denkbar, daſs die solcherart gesetzte Muskelkontraktion,
bez. die durch sie bedingten Schallwellen, als neue
Komplementärbedingung R_ξ eine Änderung des centralen Partialsystems c_3 bedinge, von welchem sich die
Änderung wiederum auf das erstgeänderte Partialsystem
c_1 bis zu einem gewissen Grade überträgt. Hat sich
derselbe Änderungscirkel bei dem System eines zweiten
Individuums, also bei C_2, ausgebildet, so kann die Bewegung R_ξ, wenn sie von C_2 ausgeht, bei dem ersten
Individuum, also bei C_1 — und umgekehrt, wenn sie

von C_1 ausgeht, bei C_2 — dieselbe Änderung von c_1 d e r
F o r m n a c h bedingen, welche ursprünglich R_x bedingt hat: die Bewegung oder der Schall erhält
somit die Bedeutung einer Komplementärbedingung
R_ξ, welche die ursprüngliche Komplementärbedingung
R_x zu vertreten vermag.

126. — Angenommen, eine Mehrheit von Setzungen derselben Komplementärbedingung R_x oder von
mehr oder minder nahe verwandten habe eine Reihe
mehr oder minder verwandter Änderungen des Partialsystems c_1 nach sich gezogen, deren jede wiederum in
der soeben angegebenen Weise die repräsentative Komplementärbedingung R_ξ setzte; so ist nach unserer allgemeinen Voraussetzung denkbar, dafs bei Gelegenheit
einer Setzung von R_ξ auch nicht eine Einzeländerung
von c_1, sondern gleichfalls irgend eine (in jedem Einzel-
falle zu bestimmende) M e h r h e i t verwandter Änderungen in unmittelbarer Succession erfolgt.

ZWEITER ABSCHNITT.

Die Erhaltung des Individuums.

ERSTES KAPITEL.

Allgemeines.

I.

127. — Unsere Zerlegung der Änderungen von C hat bis jetzt die Beziehung zu R insofern festgehalten, als entweder dem R für C die Bedeutung einer *Komplementärbedingung* oder dem C für R die Bedeutung *systematischer Vorbedingungen* zukommen sollte.

Nun leitet uns aber der n. 123 gewonnene Begriff einer s y s t e m a t i s c h e n B e d e u t u n g der centralen Partialsysteme zu einer weiteren Unterscheidung der Änderungen von C, welche in dem Inhalt unserer allgemeinen Annahme gleichfalls ihre Voraussetzung findet.

Es war daselbst (n. 37) nämlich das menschliche Individuum als ein solches vorausgesetzt, das sich von sich selbst aus — wenigstens innerhalb gewisser Grenzen — unter Verminderungen seiner Erhaltung behaupte.

Gestützt auf diesen Begriff vorausgesetzter Behauptung können wir den Gesichtspunkt, der uns die

Bedeutung der Partialsysteme für das System C ergab, soweit verallgemeinern und erhöhen, dafs wir
erst den Begriff einer Bedeutung des Systems C für
die Behauptung des Gesamtsystems, dem es als Organ
zugehört, also des Gesamtorganismus hinzufügen, dann
denjenigen einer Bedeutung für weitere Systeme, denen
C gleichfalls und zwar dadurch zugehört, dafs seine
Änderungen für diese — deren Änderungen für es
selbst Änderungsbedingungen sein können.

128. — Dieser neue Weg, der sich uns hier
öffnet, führt mithin zu einer Unterscheidung der Änderungen des Systems C nach ihrer Bedeutung für
die Behauptung zunächst seiner selbst, dann jener besonderen Systeme höherer und höchster Ordnung, in
welche der einzelne Mensch eingeordnet angenommen
wird — d. h. also zu einer Würdigung des Systems
C in seinem Verhältnis einerseits zu den Systemen der
Familie, der Gemeinde, des Staates, der Kirche, der
Gesellschaft überhaupt, andererseits zu den Systemen
der nächsten und der weiteren Umgebung seiner Erde,
des Systems R oder, wie die Individuen voraussichtlich
sagen würden, der 'Welt' überhaupt.

Auf diesem sachlich allein gebotenen Wege, von
den einfachen Partialsystemen des Systems C aus
schliefslich das Verhältnis des Menschen zu Gesellschaft und 'Welt' und zwar in theoretischer wie praktischer Hinsicht zu bestimmen — auf diesem in weitere
Fernen und in erhabenere Sphären führenden Wege
machen wir für jetzt an dieser Stelle Halt, um zu
versuchen, nur erst die Bedeutung des Systems C für
die Erhaltung des Organismus allgemein — mit wenig
Strichen, doch für unser nächstes Ziel genügend — zu
skizzieren.

129. — Die Bedeutung des Systems C für die Erhaltung des Gesamtorganismus, dessen Teilsystem es selbst ist, ergiebt sich aus seinem Begriff als eines Centralsystems, welches die von der Peripherie ausgehenden Änderungen in sich zu sammeln und die an die Peripherie abzugebenden Änderungen zu verteilen vermag (vgl. n. 71 und vorher).

Es mufs mithin die Bedeutung von C für die Erhaltung des Organismus um so gröfser sein, je mehr die peripherischen Teile des Organismus, welche der Umgebung direkter exponiert sind und daher einerseits die durch jedes einzelne R gesetzten Änderungen zuerst erleiden müssen, andererseits sich wiederum zur Gesamtheit von R auch selbst als Änderungsbedingungen (vgl. n. 85) verhalten können, — je reicher und mannigfaltiger also diese peripherischen Teile in C vertreten sind und je inniger folglich auch die Erhaltung des Organismus an C, in dessen funktioneller und formeller Ausbildung, gebunden ist.

130. — Je inniger hiernach — und um so mehr, je höher C entwickelt ist — die Erhaltung des Organismus an C gebunden anzunehmen ist, je gröfser mufs aber zugleich die Bedeutung angesetzt werden, welche für die Erhaltung des Organismus nun auch der Erhaltung des Systems C selbst zuzuschreiben ist.

II.

131. — In Bezug auf die Erhaltung des Systems C überhaupt sind nun folgende Fälle denkbar:

1) Es sind keine Änderungsbedingungen gesetzt;

2) es sind Änderungsbedingungen gesetzt, aber die formellen Beschaffenheiten des Systems lassen seine Zerstörung nicht zu;

3) es sind Änderungsbedingungen gesetzt, und die Beschaffenheiten des Systems würden eine Zerstörung durch jene Änderungen bedingen lassen, aber das System behauptet sich unter diesen Bedrohungen seines formellen Bestandes durch irgendwelche weitere Änderungen seiner selbst.

In Fall 1 würde die Erhaltung zu bezeichnen sein einfach als Beharrung, in Fall 2 als formelle Unzerstörbarkeit, in Fall 3 als vitale Erhaltung.

Im letzteren Falle hätten wir die variable Größe dieser vitalen Erhaltung zu bezeichnen als den vitalen Erhaltungswert, welcher dem System C in jedem Zeitpunkt seines Bestandes zuzuschreiben sein würde.

Fall 1 wäre gleichwertig dem Fall, daß C umgebungslos wäre (vgl. n. 59); Fall 2 und 3 lassen die Annahme einer Umgebung zu, aber nur Fall 3 die Annahme einer solchen Umgebung, welche für C bedrohlich werden kann.

132. — Welchen dieser Fälle wir für unsere Zwecke in Betracht zu ziehen haben, hängt von ihrer Vereinbarkeit mit unserer allgemeinen Voraussetzung ab. Aber weder der Begriff eines umgebungslosen C, noch der Begriff einer formell unbedrohlichen Umgebung sind mit unsern allgemeinen Voraussetzungen verträglich; und so scheint dieser denn nur der 3. Fall — der formellen Bedrohungen — nicht zu widersprechen. Und wir hätten somit zunächst auf die Bedeutung der Umgebung für die vitale Erhaltung des Systems C zu reflektieren.

133. — Wir machen nun eine Fiktion, welche uns methodologisch so geboten erscheint, wie sie methodologisch zweifellos erlaubt ist. Wir fingieren eine Umgebung, welche in keiner Weise eine Verminderung

des vitalen Erhaltungswertes von C zuläfst. Es enthielte diese Umgebung somit keine Momente, welche der vitalen Erhaltung von C ungünstig wären, und so dürften wir eine solche Umgebung als eine *ideale* bezeichnen.

Jede andere Umgebung würde sich dann von der idealen um so mehr entfernen, je weniger sie die Bedingungen der idealen erfüllte, d. h. je mehr sie irgendwelche Momente enthielte, mit deren Setzung auch Verminderungen des vitalen Erhaltungswertes von C gesetzt würden.

Ist jene so bezeichnete *ideale Umgebung*, wie gesagt, eine Fiktion, so sind diese vom Ideal sich entfernenden Umgebungen berechtigte Annahmen (vgl. oben n. 132).

134. — So wenig aber die Umgebungen, in welche wir den leidenden und kämpfenden Menschen durch die Geburt versetzt denken, als *ideale* anzunehmen sind, so wenig kann einer Umgebung des Menschen eine vorzugsweise Annäherung an die Bedingungen des Ideals abgesprochen werden. Nicht in Widerspruch mit unserer allgemeinen Voraussetzung. Denn es ist dies eben die einzige Umgebung, in welche der Mensch nicht durch seine Geburt versetzt worden ist: es ist die Umgebung, in welcher er sich vor seiner Geburt befand — der mütterliche nährende und schützende Schofs.

Die „leidenden und kämpfenden Menschen" ward gesagt. Und welchen Menschen setzen wir voraus anders als leidend und kämpfend? Obwohl nicht ausschliefslich als leidend und kämpfend.

135. — Aus dem Mutterschofs, diesem Sanktuarium der Erhaltung, wird das Kind vertrieben: ausgestofsen in eine fast absolut andere, neue, ungewohnte, nur zum

Teil noch erhaltungsfreundliche Umgebung. Nun ist es ausgesetzt den Änderungen, die ihm aus der Umgebung und deren Wandlungen erwachsen; und ausgesetzt wird es alsbald sein den Schicksalen, welche ihm die typischen Änderungen des eigenen Entwicklungsganges aufdrängen.

Und das heifst: das System C ist durch die Geburt aus einer annähernd idealen Umgebung in eine nicht-ideale Umgebung versetzt worden.

136. — Uns aber ist hiermit wiederum aus unserer allgemeinen empiriokritischen Voraussetzung ein neuer Gesichtspunkt zu einer Unterscheidung der Änderungen des Systems C erwachsen: nämlich in ihrer Beziehung auf den vitalen Erhaltungswert, der dem System C in jedem beliebigen Zeitpunkt zuzusprechen ist. Und unsere Aufgabe wird somit zunächst darauf gerichtet sein, die Änderungen des Systems C zu analysieren: sofern sie als *Verminderung* des vitalen Erhaltungswertes des Systems C oder aber als *Behauptungen* dieses Systems unter solchen Verminderungen zu denken sind.

ZWEITES KAPITEL.
Das vitale Erhaltungsmaximum.

I.

137. — Setzen wir in einem beliebigen Zeitpunkt τ eine beliebige Verminderung des in jenem Zeitpunkt anzunehmenden vitalen Erhaltungswertes des Systems C, so sind immer 2 Erhaltungswerte, w_1 und w_2, gedacht: w_2, welcher aus der Verminderung resultierte, und w_1, welcher vermindert wurde. Und hiermit ist zugleich $w_1 \rangle w_2$ gedacht.

Denke ich nun den Unterschied von w_1 und w_2, so habe ich damit nur den Wert gedacht, um welchen der Erhaltungswert von C speciell im Zeitpunkt τ vermindert wurde. Nehme ich nun aber zugleich an, daſs die Umgebung, in welche das System C durch seine Geburt versetzt wurde, eine nicht-ideale sei, so kann ich, je weniger ich sie als eine der idealen angenäherten annehme, auch um so weniger den Erhaltungswert w_1, welcher vermindert wurde, sofort als einen *absoluten* annehmen. Einen solchen ohne weiteres anzunehmen, würde ja nur in dem einen Fall, der aber ausgeschlossen ist, nämlich in dem Fall einer idealen Umgebung zulässig sein.

Mithin ist in der Beziehung $w_1 \succ w_2$ zunächst eben nur ein Verminderungsunterschied ausgedrückt; aber es ist damit an sich noch nichts gesagt, um wie viel der vitale Erhaltungswert überhaupt vermindert ist, oder wie groſs überhaupt die ganze Verminderung geworden, als der vitale Erhaltungswert im Zeitpunkt τ von w_1 auf w_2 sank.

138. — Soll ich also die ganze Verminderung des Erhaltungswertes von C und somit den in jedem Zeitpunkt gesetzten Wert der vitalen Erhaltung überhaupt denken können, so muſs ich jeden Erhaltungswert, der als ein *verminderter* zu denken ist, auf einen Erhaltungswert beziehen können, der nicht mehr selbst als ein verminderter denkbar ist. Aber nur in dem einen Falle ist ein Erhaltungswert nicht als ein *verminderter* denkbar, wenn ich keinen andern Wert denken kann, der gröſser wäre als jener. Dieser zur Bestimmung aller Verminderungen verlangte vitale Erhaltungswert des Systems C muſs also der denkbar gröſste sein.

II.

139. — Da, wie das ganze System C, so auch seine Bestandteile, bez. seine Formelemente, entstehend und vergehend gedacht werden, so muſs — wenn für irgend einen Zeitpunkt der verlangte denkbar gröſste vitale Erhaltungswert des Systems C angenommen wird — mit demselben eine absolute Erhaltung aller centralen Partialsysteme, bez. Formelemente, angenommen werden; d. h. der denkbar gröſste vitale Erhaltungswert des Systems C ist als die Summe der denkbar gröſsten Erhaltung aller seiner Bestandteile, bez. Formelemente, zu denken.

140. — Nun wird hierbei aber die Entstehung von C nicht als isoliert, sondern mit derjenigen des Gesamtorganismus verbunden vorausgesetzt und wie mit diesem entstehend, so wird es im allgemeinen auch mit ihm vergehend gedacht.

Mag nun schon der isolierte Untergang von C nicht undenkbar sein, so ist jedenfalls ein solcher von einzelnen, relativ selbständigen Partialsystemen niedrerer Ordnung in unserer allgemeinen Voraussetzung, wie sie sich von seiten der Physiologie (und Psychiatrie) specialisieren läſst, in der That mitenthalten.

141. — Reflektieren wir nun auf diesen isolierten Untergang von einfachsten Partialsystemen, bez. Formelementen, so heben wir zunächst hervor, daſs, wenn die einzelnen Bestandteile dem Vergehen unterworfen gedacht werden können, notwendig ihre Erhaltung nicht als unbedingte gedacht werden darf. Vielmehr müssen zu einem bestehenden Partialsystem Bedingungen seiner Erhaltung — zu einem vergehenden aber Änderungen seiner Erhaltungsbedingungen gedacht werden.

142. — Als eine fundamentale Erhaltungsbedingung würde zunächst wieder die Ü b u n g zu denken
sein, sofern zugleich R als das Übende gedacht wird;
denn in dem Mafse, als einem Partialsystem alle mit
R gesetzten Änderungen (= Übungen) mangeln, würde
auch (vgl. n. 117) das Gegenteil der Übungsfolgen,
nämlich — statt positiver — negative Zunahmen und
Ausbildungen, also eine Änderung zu erwarten sein,
welche als Degeneration zu bezeichnen und als zunehmende Annäherung an Untergang anzunehmen wäre.

Die mit R gesetzten Systemänderungen selbst
haben wir bereits mit f(R) bezeichnet (n. 89).

143. — Da nun aber in keinem Zeitpunkt eine
völlige Aufhebung aller R, d. h. der ganzen Umgebung, oder eine völlige Ausschliefsung der von ihr
ausgehenden Änderungen gesetzt werden kann, so ist
auch der eventuelle Mangel von f(R) nie als ein ab-
soluter, sondern immer nur als ein relativer zu denken.
Es ist folglich auch das Vorhandensein von f(R) als
ein ununterbrochenes zu denken.

III.

144. — Ist aber der relative Mangel von f(R)
als Bedingung der Degeneration zu denken, so müssen
neben f(R) noch anderweite Änderungen von C
oder seiner Formelemente angenommen werden, und
zwar, da ein *Mangel* an sich selbst nicht Änderungen
bedingen kann, s o l c h e andersartige systematische Änderungen, als d e r e n *Folge* in diesem Falle Degeneration, d. h. Annäherung an den Untergang der Formelemente gedacht werden mufs, und welche somit als
V e r n i c h t u n g s b e d i n g u n g e n von C zu denken
wären.

5*

145. — Muſs aber C noch andersartigen Ä   :run-
gen als den mit R gesetzten zugänglich gedacht werden, so können die Änderungen f(R) ebendarum nicht
mehr als die einzige Art Änderungen von C gedacht
werden. Diese zweite Art Änderungen, deren C fähig
gedacht werden muſs (sofern seine Bestandteile durch
Mangel von f(R) sich der Degeneration annähern würden), können der Umgebung nicht im selben Sinne
entstammend gedacht werden wie f(R); denn wären
sie einfach von R abhängig wie f(R), so hätten wir
auch wieder f(R) und nicht eine a n d e r e Änderungsart als f(R) zu denken.

146. — Da nun aber C auch für diese andere
Änderungsart nur die Gesamtheit der s y s t e m a t i s c h e n
Vorbedingungen darstellen kann, für die Setzung der
fraglichen Änderungen mithin wieder eine in C nicht
bereits enthalten gedachte Änderungsbedingung — als
Komplementärbedingung — verlangt wird; da aber
die Umgebung nur im Sinne von R oder S Änderungsbedingung für C sein kann, und da endlich von diesen
beiden Änderungsbedingungen im vorliegenden Falle
R ausgeschieden ist, s o i s t S a l s Ä n d e r u n g s -
b e d i n g u n g z u d e n k e n.

Dementsprechend bezeichnen wir diese zweite Änderungsart, in Übereinstimmung mit n. 89, auch wieder
als f(S).

147. — Auch diese Änderungen von der Art f(S)
sind als ununterbrochen bedingte und vorhandene zu
denken, da weder die Blutcirkulation, durch welche
die Umgebungsbestandteile von der Art S dem System
C und seinen Formelementen zugeführt werden, noch
die von der Physiologie als Stoffwechsel bezeichneten
Vorgänge als in irgend einem Zeitpunkt völlig fehlend

gedacht werden können, wenn nicht der Tod mitgesetzt werden soll.

IV.

148. — Denken wir die Blutbereitung und -Cirkulation, sowie den Stoffwechsel der Einfachheit willen als eine konstante Gröfse, so denken wir auch die zugehörigen Änderungen f(S) als eine solche. Der Erfolg derselben würde sich also schliefslich dem Untergang nähern, wenn hinreichend lange relativer Mangel an f(R) gegeben wäre; er würde sich von diesem Extrem wieder entfernen, wenn dieser Mangel rechtzeitig wieder gehoben würde. Aus dieser Abhängigkeit der Änderungsbewegung von f(R) geht hervor, dafs f(R) und f(S) als entgegengesetzte Änderungen gedacht werden müssen.

149. — Mit demselben Recht, mit welchem sich vorhin f(R) als Erhaltungs- und f(S) als Vernichtungsbedingung bezeichnen liefsen, lassen sich, umgekehrt, nun auch f(S) als Erhaltungs- und f(R) als Vernichtungsbedingung bezeichnen. Denn denkt man den Wert f(R) immer zu-, den von f(S) immer abnehmend, so wird ebendamit auch wieder eine entsprechende Annäherung an Untergang (Degeneration) von C oder den betroffenen Formelementen mit vorauszusetzen sein.

150. — Wenn wir aber denken, dafs nicht allein in dem Mafse Annäherung an Untergang (Degeneration) besteht, als f(R) *kleiner*, sondern auch in dem Mafse, als es *gröfser* ist als f(S); dafs mithin in dem Mafse überhaupt, als f(R) kleiner oder gröfser als f(S), bez. umgekehrt f(S) gröfser oder kleiner als f(R) ist, Annäherung an Untergang besteht: so können wir auch

nicht mehr f(R) oder f(S) an sich weder als Erhal-
tungs- noch als Vernichtungsbedingung ansprechen.

151. — Vielmehr: es ist der **Unterschied** beider
Änderungsarten f(R) und f(S) in dem Mafse
als Vernichtungsbedingung zu bezeichnen,
als sich beide von der Gleichheit entfernen
— und als Erhaltungsbedingung, als sich
beide der Gleichheit nähern.

V.

152. — Es wird folglich die vitale Erhaltung jedes
Formelementes vollständig sein, wenn für dasselbe gilt
die Gleichung:

$$1)\ f(R) = -\ f(S).$$

153. — Und mithin wird die vitale Erhaltung der
centralen Partialsysteme, welche das System C bilden,
und also des Systems C selbst vollständig sein, wenn
für die centralen Partialsysteme gelten die Gleichungen:

$$2)\ f(R_1) = -\ f(S_1)$$
$$f(R_2) = -\ f(S_2)$$
$$\vdots$$
$$f(R_n) = -\ f(S_n),$$

mithin für das ganze System:

$$\Sigma\, f(R) = -\ \Sigma\, f(S).$$

154. — Da nun aber (nach n. 148) f(R) und
f(S) entgegengesetzte Werte sind, so läfst sich die
vollständige vitale Erhaltung des Formelementes auch
ausdrücken durch die Gleichung:

$$3)\ f(R) + f(S) = 0.$$

155. — Wir erhalten also für die centralen Partialsysteme die Gleichungen:

$$4) \quad f(R_1) + f(S_1) = 0$$
$$f(R_2) + f(S_2) = 0$$
$$\vdots$$
$$f(R_n) + f(S_n) = 0,$$

mithin für das ganze System C:

$$\Sigma \, f(R) + \Sigma \, f(S) = 0.$$

156. — Bezeichnen wir die Werte f(R) und f(S) in ihrer Beziehung auf die Partialsysteme als partialsystematische Faktoren, und ihre Summe in ihrer Beziehung auf den vitalen Erhaltungswert als Vitaldifferenz, so ergiebt sich, dafs, wenn die vollständige vitale Erhaltung von der entgegengesetzten Gleichheit der partialsystematischen Faktoren abhängt, jeder vitale Erhaltungswert, welcher kleiner gedacht wird als der vollständige, von der Vitaldifferenz abhängen mufs.

157. — Da nun die vitale Erhaltung des Systems C vollständig ist, wenn die Vitaldifferenz gleich Null ist; da ferner eine Differenz, welche kleiner als Null ist, nicht gedacht werden kann — so kann auch kein vitaler Erhaltungswert gröfser gedacht werden als derjenige, welchen das System bei Gleichheit der partialsystematischen Faktoren besitzt. Es ist mithin der vitale Erhaltungswert, welcher durch die Vitaldifferenz Null gesetzt ist, der gesuchte denkbar gröfste.

158. — Bezeichnen wir endlich den denkbar gröfsten vitalen Erhaltungswert des Systems C als das vitale Erhaltungsmaximum, so erhalten wir den Satz:

Ein System C ist im vitalen Erhaltungsmaximum zu denken, wenn seine partialsystematischen Faktoren entgegengesetzt gleich sind[5].

DRITTES KAPITEL.

Die Schwankung.

I.

159. — Die Aufstellung des vitalen Erhaltungs-
maximums führt zu einer Unterscheidung einer Änderungslosigkeit von C, welche gesetzt werden muſs,
wenn keine Änderungsbedingung gesetzt wird, und
einer Änderungslosigkeit, welche gesetzt werden muſs,
wenn eine Mehrheit, aber entgegengesetzter Änderungsbedingungen angenommen wird. Die erstere
ist eine Änderungslosigkeit ex notione, die letztere ex
specie, d. h. nur dem Scheine nach, denn weit entfernt,
von jeder Änderung frei zu sein, erfordert ihre Setzung
gerade eine doppelte Änderung. Die erste Art Änderung mag durch die Bezeichnung als Systembeharr-
rung von der zweiten als der Systemruhe unterschieden werden.

160. — Änderungen der Systemruhe bezeichnen wir
als Systemschwankungen, und zwar als positive Schwankungen, wenn die Änderung der Systemruhe
durch positive Vermehrung — als negative, wenn die
betreffende Änderung durch negative Vermehrung eines
der beiden partialsystematischen Faktoren gesetzt ist.

161. — Eine jede (positive oder negative) Schwankung denken wir mithin erst dann als vollständige
(vollständig abgelaufene), wenn die Systemruhe wieder
hergestellt ist; und unterscheiden dementsprechend bei
jeder Schwankung, sofern sie als vollständige voraus-
gedacht wird, eine Zu- und Abnahme der Änderung
der Systemruhe.

Das ergiebt uns für die Schwankung überhaupt
die Unterscheidung derselben als p o s i t i v oder n e -
g a t i v z u n e h m e n d e Schwankung.

162. — Den Wert, um welchen das in Ruhe befindliche System C bei Setzung einer Änderungsbedingung vermehrt wird, also den Unterschied vom ruhenden System bezeichnen wir als S c h w a n k u n g s g r ö f s e.

163. — Für diese Schwankungen ist zunächst diejenige Beschaffenheit zu beanspruchen, welche die Analyse für die Änderungen der centralen Partialsysteme
überhaupt (n. 118) ergab: die Unterschiede der Form;
also die S c h w a n k u n g s f o r m, welche (gemäfs n. 124)
nicht allein in der speciell bestimmten Komplementärbedingung, sondern auch in der speciell bestimmten
Vorbereitung des Systems C (bez. des centralen Partialsystems) bedingt gedacht wird.

164. — Sofern als Entwicklungsbedingung (vgl.
n. 119) für die Partialsysteme mehr oder minder verwandte Komplementärbedingungen zugelassen werden,
ergiebt sich auch für die Schwankungen des Systems
C, bez. seine Partialsysteme, das Merkmal der verwandten Form oder F o r m v e r w a n d t s c h a f t, deren
obere Grenzwerte als Verwandtschaft im engeren Sinne,
deren unterer Grenzwert als Gegensatz im engeren
Sinne bezeichnet wurden (n. 120).

165. — Aus der Verbindung der Begriffe der
Änderungsgröfse und der systematischen Bedeutung
des geänderten Partialsystems erhalten wir noch den
Begriff der S c h w a n k u n g s r e l e v a n z, d. h. wir fassen
die Schwankungen als sich in einem Gegensatz der Relevanz und Irrelevanz bewegend auf, wie die Partialsysteme selbst in einen solchen der systematischen Bedeutung und Bedeutungslosigkeit (vgl. n. 123), und

denken die Schwankung eines Partialsystems um so
relevanter, je gröfser einerseits sie selbst, andererseits
die systematische Bedeutung des geänderten centralen
Partialsystems gedacht wird.

166. — Aus der differenten Beziehung der Schwankung auf das vitale Erhaltungsmaximum, wie solche
in der positiv und negativ zunehmenden Schwankung
gesetzt ist, gewinnen wir noch den Begriff der
Schwankungsrichtung, und bezeichnen diese im
ersten Falle als positive, im zweiten Falle als negative.

167. — Nennen wir eine Systemänderung, welche
von einer bestimmten peripherisch gesetzten Änderungsbedingung aus unmittelbar ein sensibles Partialsystem
erfafst, eine *primäre;* eine solche, welche sich — in der
Fortpflanzung auf weitere Partialsysteme — jener primären erst anschliefst, eine *sekundäre:* so kann man in
Bezug auf diese sekundäre Änderung annehmen, dafs
sie entweder innerhalb der sensiblen Partialsysteme
verbleibt, oder aber auf motorische, bez. sekretorische
Partialsysteme — nach Art der „Reflexe" im physiologischen Sinne — übergreift (vgl. n. 114). Die auf
erstere Art gesetzten Schwankungen des Systems C
werden keine weiteren Eigentümlichkeiten bieten, die
eine besondere Beachtung an dieser Stelle erforderten.
Dagegen werden die Schwankungen des Systems C,
welche auf einem „reflexartigen" Übergreifen der
Systemänderung auf motorische, bez. sekretorische
Partialsysteme beruhen, einer Auszeichnung bedürfen:
sofern mit ihnen wiederum auch Schwankungen der
den betreffenden motorischen, bez. sekretorischen Funktionen zugeordneten sensuellen Partialsysteme (vgl.
n. 78) gesetzt sind. Wir wollen daher letztere Art

Schwankungen, im Gegensatz zu den beschränkteren
ersteren, als übergreifende Schwankungen bezeichnen.

II.

168. — Weitere allgemeine Bestimmungen der
Schwankungen erhalten wir, wenn wir zugleich auf
die Übung reflektieren, deren systematischer Ausdruck die formelle und funktionelle Bestimmtheit des
Partialsystems war, und von welcher mithin die Änderungsform mitbedingt wurde.

Gehen wir zur Fixierung dieser Werte von einer
Schwankung aus, welche völlig im Sinne der vorangegangenen Übung ihres Partialsystems verblieben ist,
so haben wir in ihr eine *eingeübte Schwankung* vorausgesetzt. Denken wir dann diese eingeübte Schwankung einer Änderung unterworfen, so erhalten wir
die Voraussetzung einer Schwankungsvariation
— unter welchem Ausdruck wir immer zugleich die
Variation einer eingeübten Schwankung verstehen
wollen.

169. — Mit der Schwankungsvariation als Änderung einer geübten Schwankung — anders ausgedrückt: als Abweichung von einer bestimmten
Übungsrichtung des Systems C — fällt mithin eine
Änderung aller Verhältnisse zusammen,
welche selbst auf Übung beruhen; denn war,
nach der Voraussetzung, die eingeübte Schwankung
völlig im Sinne der vorangegangenen Übung des zugehörigen Partialsystems, so wird die variierte Schwankung um so weniger in deren Sinn sein, als sie eben
eine *Änderung* der eingeübten darstellt.

170. — Durch die Variation kann nun betroffen
werden:

1) die Form der Schwankung — denn diese ist mitbedingt durch die formelle und funktionelle Bestimmtheit des Partialsystems, diese aber wiederum durch die Übung;

2) der Übungswert der Schwankung — denn sie kann xmal, aber auch xymal gesetzt und damit im zweiten Fall ymal mehr geübt sein als im ersten Fall, also einen differenten Übungswert besitzen;

3) die Gesamtheit der Zusammenhänge, in welchen die einzelne Beschaffenheit einer Schwankung mit anderen Beschaffenheiten, oder die einzelne Schwankung mit andern Schwankungen (dem Begriff des Systems gemäfs) geübt worden war.

171. — Ändere ich also eine geübte Schwankung, so entferne ich einerseits die Änderung des Systems C von einer eingeübten Form; andererseits setze ich eine Systemänderung, welche zugleich einen anderen, zunächst jedenfalls geringeren Übungswert hat: war die geübte Schwankung als solche auch die geübte Änderung, so ist die variierte Schwankung als solche eben auch die mindergeübte.

Jene Entfernung einer Änderung des Systems C von einer eingeübten Form sei als positive — der denkbare umgekehrte Fall aber der Annäherung einer Systemänderung an eine eingeübte Form als negative Transexercition bezeichnet.

172. — Den jeweilig bestimmten Übungswert bezeichnen wir als die jeweilige Schwankungsgeübtheit oder das Exercitat.

173. — Sprechen wir von der Schwankungsübung — der Exercitation — schlechthin, so verstehen wir beides zusammen.

Was von der Form der geübten Schwankung, bez. ihrer Va-

riation hier gesagt wurde, gilt in gewissem Sinne auch von ihrer
G r ö f s e : auch diese kann eine eingeübte sein, deren Einübung das
zugehörige Partialsystem formell und funktionell mitbestimmte —
deren Variation also auch in die Änderung der gesamten Übungs-
werte miteingeht.

174. — Sofern sodann die eingeübte Schwankung
nicht absolut isoliert, sondern immer zugleich in bestimmten innern und äufsern Z u s a m m e n h ä n g e n
geübt war, werden durch die Schwankungsvariation
auch diese aus der stabilen Gleichförmigkeit ihrer
gegenseitigen Verhältnisse gebracht: die Schwankung
geht in der Schwankungsvariation von der eingeübten relativen Einförmigkeit ihrer Zusammenhänge
zu gröfserer Vielfältigkeit über: die Schwankungen
werden bewegter, differenzierter, gegliederter. Es sei
erlaubt, den Übergang einer (unvariierten) eingeübten
Schwankung in eine variierte nach dieser Seite hin
als S c h w a n k u n g s a r t i k u l a t i o n zu bezeichnen.

175. — Bestimmten die Merkmale in jedem Zeitpunkt den Sinn der Schwankung, bewegen sich aber bei
der Schwankungsvariation die Merkmale in den Gegensätzen der Formverwandtschaft als solcher oder als
Gegensatz im engeren Sinne, der Relevanz und Irrelevanz,
des gröfseren oder kleineren Unterschieds vom ruhenden
Partialsystem, desgleichen der positiven und negativen
Richtung, ferner der positiven und negativen Transexercition, der Schwankungsgeübtheit als zunehmenden
oder abnehmenden Übungswertes — ich sage, bewegen
sich bei der Schwankungsvariation die Merkmale in
diesen Gegensätzen, so folgt, dafs auch die Schwan-
kungsvariationen entweder im Sinne der ursprünglichen
Schwankung bleiben, oder einen entgegengesetzten Sinn
annehmen können: in welchem letzteren Specialfall wir

die Schwankungsartikulation näher als S c h w a n -
k u n g s o p p o s i t i o n bezeichnen wollen.

176. — Den Ü b e r g a n g von einer eingeübten
Schwankung zu einer variierten denken wir um so
gröfser, je gröfser der Umfang der Änderung und je
schneller sie gesetzt ist.

III.

177. — Endlich ergiebt die Berücksichtigung der
Beziehung auch der Schwankungsvariation zum vitalen
Erhaltungswert noch Schwankungsunterschiede, welche
wir als solche der O r d n u n g auffassen möchten.

Jede eingeübte Schwankung, sofern sie rein als
solche, also ohne Variation, gesetzt gedacht werden
soll, werde einfach als S c h w a n k u n g   e r s t e r   O r d -
n u n g bezeichnet.

Jede Änderung aber einer solchen Schwankung,
sofern sie (die Änderung) zugleich wieder als den vitalen Erhaltungswert vermindernd gedacht werden soll,
als S c h w a n k u n g   z w e i t e r,   b e z.   d r i t t e r u. s. w.
O r d n u n g.

Im Anschlufs hieran mögen die Änderungen, wie
sie bei der Gleichheit der vitalen Momente immer
noch gesetzt sind — für den Fall also, dafs die
Schwankung den Wert Null angenommen hat — als
S c h w a n k u n g 0ter O r d n u n g hinzugefügt werden.

Wenn auch jede Schwankung höherer Ordnung die *Variation*
einer andern Schwankung ist, so ist doch nicht jede Variation einer
Schwankung auch eine *Schwankung höherer Ordnung*.

VIERTES KAPITEL.
Die unabhängige Vitalreihe.

I.

178. — Da nun unsere Aufgabe zunächst darauf
gerichtet war (n. 136), die Änderungen des Systems
C zu analysieren, sofern sie als Verminderungen des
vitalen Erhaltungswertes des Systems C oder aber als
Behauptungen des Systems unter solchen Verminderungen zu denken sind, so formulieren wir das Ergebnis unserer vorhergehenden Analyse zuerst für die
allgemeine Bestimmung der Verminderung in den Satz:
Soll ein System C in Verminderung
seines vitalen Erhaltungswertes gedacht werden,
so muſs es mit einer Vitaldifferenz gröſser als Null
versehen, d. h. in positiv zunehmender Schwankung begriffen gedacht werden.

179. — Und mithin folgt für die allgemeine Bestimmung der Behauptung der Satz:
Soll ein System C sich unter Verminderungen
seines vitalen Erhaltungswertes behauptend gedacht werden, so muſs seine Behauptung als
Annäherung der in der Verminderung gesetzten
Vitaldifferenz an den Wert Null, d. h. als negativ zunehmende Schwankung gedacht werden.

180. — Wird also angenommen, es behaupte das
System C sich unter einer beliebigen Verminderung
seines vitalen Erhaltungswertes vollständig, so ist damit zugleich eine positiv und eine negativ zunehmende
Schwankung, die sich entsprechen, angenommen.

181. — Wird nun aber weiter angenommen, daſs

das System C sich unter einer beliebigen Verminderung seines vitalen Erhaltungswertes vollständig behauptet habe oder behaupten werde, trotzdem die
Umgebung von sich allein aus die negativ
zunehmende Schwankung nicht (oder nur
eine irrelevante) bedingte, so ist damit zugleich angenommen, dafs das System C selbst zu Änderungen überging oder übergehen werde, welche direkt oder indirekt zu der benötigten relevanten, negativ zunehmenden Schwankung führen.

Jede angenommene Reihe von Änderungen, welche
die Bedeutung einer vollständigen Behauptung unter
Verminderung des vitalen Erhaltungswertes von C hat,
bezeichnen wir kurz als unabhängige Vitalreihe.

Im folgenden ist unter dem Ausdruck *Vitalreihe* schlechtweg
immer die unabhängige Vitalreihe verstanden, wenn nicht ein anderes ausdrücklich bemerkt ist.

II.

182. — Setzen wir eine unabhängige Vitalreihe
als vollständige (vollständig abgelaufene) voraus, so
folgt aus ihrem Begriff:

Jede Vitalreihe, sofern sie vollständig ist,
kann in drei Teile oder Abschnitte zerlegbar
gedacht werden, in deren erstem die positiv zunehmende Schwankung eingeführt wird; deren
dritten ihre perfekt gewordene Aufhebung bildet; während der zweite alle Änderungen umfafst, welche zwischen der ersten und letzten
eingeordnet sind.

Wir bezeichnen den ersten Abschnitt als den
Initialabschnitt, den zweiten als den Medial-

abschnitt, den dritten als den **Finalabschnitt**;
und die zugehörigen Änderungen oder Endbeschaffenheiten beziehentlich als **Initial-, Medial-** und **Finaländerungen** oder **-endbeschaffenheiten.**

183. — Wenn der Begriff des analysierten Falles
ergab, daſs eine vollständige Vitalreihe unter den angegebenen Bedingungen aus mindestens 3 Abschnitten
zusammengesetzt sein muſs, so ergiebt die Beschreibung (n. 181), daſs eine solche Reihe zugleich aus
3 Änderungsarten zusammengesetzt ist.

184. — Aber weder aus dem Begriff des angenommenen Falles, noch aus dem Begriff der Vitalreihe und
ihrer Änderungsarten folgt, daſs jede Änderungsart in
der Reihe und mithin jeder von deren Abschnitten nur
durch je **ein** Glied vertreten, d. h. daſs die Vitalreihe,
obwohl sie aus mindestens **3 Abschnitten** besteht,
auch nur aus **3 Gliedern** zusammengesetzt sein
müsse. Sofern es vielmehr denkbar ist, daſs die Verminderungen des vitalen Erhaltungswertes sowohl, als
die Behauptungen des Systems C unter solchen Verminderungen in der Form successiver Änderungen gesetzt sein können, ist es auch denkbar, daſs sich ein
oder mehrere Abschnitte der unabhängigen Vitalreihe
aus mehr als nur **einem** Gliede zusammensetzen
können.

III.

185. — Bei der immensen Mannigfaltigkeit denkbarer Umgebungsänderungen, aber auch der systematischen Bedingungen, von denen die centralen Partialsysteme abhängen, muſs endlich, ebenso wie eine Mehrheit von Änderungen innerhalb jeder Änderungsart,
so auch der Verlauf einer Behauptung des vitalen

Erhaltungswertes, wie sie unter Umständen wiederum
für das System angenommen wird, zusammengesetzt
gedacht werden können aus einer Mehrheit sei es
sich aneinander anschliefsender oder sich mannigfach
kreuzender, bez. verschlingender Vitalreihen, so dafs
die Analyse der Änderungen, in denen ein System C
in einer nicht-idealen Umgebung sich behauptend angenommen wird, nicht nur eine einzige dreigliedrige
Änderungsreihe, sondern beliebig vielgliedrige, ja, ganze
Systeme von Vitalreihen und Systeme von Vitalreihen-
Systemen von relativ einfachsten bis zu den allerkom-
pliziertesten Zusammensetzungen zu ihrem Gegenstand
haben kann — und alles das auch dann, wenn sie
auf einige wenige Specialfälle beschränkt zu bleiben
sucht.

Der Fall, dafs die Behauptung des Systems C in sich einander
anschliefsenden, bez. kreuzenden Reihen verläuft, wird namentlich
intreten, wenn die negativ zunehmende Schwankung bei dem einen
lauptpartialsystem zugleich wieder eine Verminderung des vitalen
Erhaltungswertes bei einem andern setzt.

186. — Jenen Successionen, Kreuzungen und
Verschlingungen, welche durch Vitalreihen und Vital-
reihen-Systeme gebildet werden können, im einzelnen
nachzugehen, kann hier nicht die Aufgabe unserer
allgemeinen Analyse sein; wir werden wohl an anderer Stelle auf diese Bänder, Netze und — Knäuel
zurückzublicken Gelegenheit erhalten. An dieser Stelle
müssen wir uns wiederum mit einer einfacheren Arbeit am ungeheuren Stoff bescheiden: diejenigen allgemeinen Merkmale der (vollständigen) Vitalreihe aufzusuchen, welche für uns die wichtigeren sein möchten.

187. — Fingieren wir, um auch für diese einfachere Arbeit die Berechtigung nur relativer Anforderungen in Anspruch zu nehmen, für einmal ein

System C, infolge von dessen sekundären Änderungen jede beliebige Vitaldifferenz in einer nicht idealen Umgebung nicht allein vollständig, sondern auch in der denkbar einfachsten und nachhaltigsten Weise aufgehoben würde, so hätten wir, wie früher eine „ideale Umgebung", so jetzt ein „ideales System C".

Aber wie vorhin jene ideale Umgebung, so ist jetzt dies ideale System C eben nur als eine Fiktion zu behandeln; Berechtigung darf auch hier wieder nur für die Annahme beansprucht werden, dafs sich das System C der verschiedenen Organismen in sehr verschiedenen Formen und Stufen dem Ideal annähere — je nach der Gattung oder der Art, welcher der Organismus angehört, und je nach dem Grade sowohl seiner generellen als individuellen Entwicklung, bez. Rückentwicklung. Jede allgemeine Beschreibung der Vitalreihen könnte daher in Bezug auf einzelne Individuen nur mit den Einschränkungen gelten wollen, welche der jeweilig angenommene specielle Fall nach Gattungs-, Art- und Individualbeschaffenheit bedingt.

IV.

188. — Aus dem Begriff der vollständigen Vitalreihe folgt ferner:

Soll eine vollständige Vitalreihe gedacht werden, so kann sie nicht eher endend gedacht werden, als bis eine Änderung gesetzt ist, mit welcher Aufhebung der Vitaldifferenz gesetzt ist.

189. — Und endlich:

Soll eine vollständige Vitalreihe gedacht werden, so kann sie nicht über diejenige Änderung hinaus, mit welcher die Aufhebung der Vitaldifferenz gesetzt wurde, vermehrt gedacht werden.

6*

enn entweder wird mit dieser Änderung das Erhaltungsmaximum erreicht gedacht, und dann mufs jede weitere Änderung den Maximalwert der Erhaltung verringernd, mithin eine neue Vitaldifferenz setzend und folglich als Glied einer n e u e n Vitalreihe gedacht werden; oder es wird mit irgend einer in einem bestimmten Zeitpunkt gesetzten Änderung das Erhaltungsmaximum nicht erreicht gedacht, und dann ist die Voraussetzung nicht erfüllt, unter welcher eine Vitalreihe als vollständig gedacht werden kann.

DRITTER ABSCHNITT.

Der Initialabschnitt der unabhängigen Vitalreihe.

ERSTES KAPITEL.

Die Vitaldifferenzen im allgemeinen.

I.

190. — Ein wichtiger Unterschied der Vitaldifferenzen, dessen Bedeutung aber voraussichtlich nicht mehr innerhalb der folgenden Untersuchung an Tag treten wird, werde hier nur erwähnt: der Unterschied zwischen allgemeinen und speciellen Vitaldifferenzen. Es ist denkbar, daſs sich die Schwankung auf ein oder mehrere specielle Partialsysteme beschränkt; es ist aber auch denkbar, daſs sie — etwa bei allgemeinen Ernährungsstörungen pathologischer Art — auch das ganze System C ergreift. Unsere allgemeine Theorie wird sich nur mit den Schwankungen specieller Partialsysteme, also mit speciellen Vitaldifferenzen zu beschäftigen haben; diese sind demnach, wenn nicht das Gegenteil ausdrücklich bemerkt wird, im folgenden überall gemeint.

II.

191. — Richten wir unser Augenmerk nunmehr auf die überhaupt denkbaren Fälle der positiv zuneh-

menden Schwankung, so muſs sich deren Art und
Einteilung durch Variation ihres formalen Ausdrucks
gewinnen lassen.

Da im vitalen Erhaltungsmaximum eines beliebigen centralen Partialsystems die partialsystematischen
Faktoren desselben entgegengesetzt gleich sind, so gilt
für den Fall, daſs die Vitaldifferenz δ gleich Null ist,
die Gleichung:

$$\delta = f(R) + f(S) = 0.$$

Alle denkbaren Fälle solcher Variationen der
partialsystematischen Faktoren, in welchen die Gleichung

$$\delta = f(R) + f(S) = 0$$

in die Ungleichung

$$\delta = f(R) + f(S) > 0$$

übergeführt wird, ergeben mithin auch die sämtlichen
Fälle denkbarer positiv zunehmender Schwankungen;
und umgekehrt ergeben alle denkbaren Fälle, in welchen die Ungleichung

$$\delta = f(R) + f(S) > 0$$

in die Gleichung

$$\delta = f(R) + f(S) = 0$$

zurückgeführt wird, die sämtlichen denkbaren Fälle
negativ zunehmender Schwankungen.

192. — Die einfachen Formen der positiv zunehmenden Schwankung ergeben sich nun durch Variation einer der beiden Faktoren $f(R)$ und $f(S)$ in
der Gleichung. Es kann dann die Variation des
Faktors $f(R)$ als Arbeitsschwankung, diejenige des
Faktors $f(S)$ als Ernährungsschwankung bezeichnet
werden; die auf positiver Vermehrung des betreffenden
partialsystematischen Faktors beruhende Aufhebung
der Systemruhe haben wir bereits (n. 160) als posi-

tive, die auf negativer Vermehrung beruhende als
negative Schwankung unterschieden.

193. — Jede dieser durch positive oder negative
Vermehrung je eines der beiden partialsystematischen
Faktoren erhaltenen 4 einfachen Formen der positiv
zunehmenden Schwankung läfst dann wieder 2 einfache Formen der negativ zunehmenden zu:

1) es kann der variierte Wert selbst wieder um
eine Änderung mit entgegengesetztem Vorzeichen vermehrt werden;

2) es kann der entgegengesetzte Wert um eine
Änderung mit gleichem Vorzeichen vermehrt werden.

Diese einfachen Formen der positiv und negativ
zunehmenden Schwankung würden sich als die Grund-
formen auffassen lassen, durch deren weitere Variation
sich die sämtlichen anderen denkbaren Formen auffinden und einteilen liefsen.

194. — In den Formen der Verminderung
der Vitaldifferenz, sowie in allen Änderungsformen, welche wieder eventuell die
Verminderungsformen bedingen, sind mithin
die formalen Bedingungen enthalten, welche
eine Systemänderung erfüllen mufs, wenn
durch sie eine Vitaldifferenz soll aufgehoben werden können.

III.

195. — Die Entwicklung aller denkbaren Formen
der Vitaldifferenzen und ihrer Aufhebung nach An-
gabe von n. 191 ff., d. h. jene ganze Methode der Auf-
findung und Einteilung der sämtlichen überhaupt
denkbaren Fälle der positiv und negativ zunehmenden
Schwankung dürfte indessen erst wirklich fruchtbar

werden, wenn sie zugleich auf derjenigen wissenschaftlichen Grundlage angewendet würde, die vorerst eben
noch zu gewinnen ist.

Haben wir uns aber einstweilen mit einem bescheideneren Verfahren zu begnügen, so folgt daraus
nicht, dafs der allgemeine Gedanke jener angedeuteten
Einteilungsmethode ganz unverwendet bleiben solle;
doch mufs uns die im Sinne unserer Aufgabe zweckmäfsige Auswahl denkbarer Fälle dringlicher erscheinen, als eine an sich noch so wünschenswerte vollständige Aufzählung.

196. — Wir unterscheiden daher vor allem
zwischen erheblichen und unerheblichen Vitaldifferenzen. Und zwar bezeichnen wir Schwankungen, welche als so geringfügig gedacht werden,
dafs sie auf das Verhalten eines Systems C keinen
einigermafsen nachhaltigen Einflufs ausüben, als unerhebliche Vitaldifferenzen. Alle andern Vitaldifferenzen
dagegen, welche einen im Sinne unserer Untersuchung
weitertragenden Einflufs auf das Verhalten des Systems
ausübend gedacht werden, bezeichnen wir auch als
erhebliche Vitaldifferenzen.

Die denkbaren erheblichen Vitaldifferenzen sämtlich weiter einzuteilen, erfordert wiederum unsere Aufgabe nicht; dieser hoffen wir zu genügen, wenn wir
nur diejenigen erheblichen Vitaldifferenzen verzeichnen
und bezeichnen, welche uns vorwiegend zu beschäftigen
haben dürften.

ZWEITES KAPITEL.
Der auszuwählende Fall im besondern.

I.

197. — Um auch bei der Anführung und Anordnung der zu behandelnden Vitaldifferenzen genügend einfach verfahren zu können, bestimmen wir zunächst einen ganz beliebigen Fall, um ihn der Bestimmung aller übrigen Fälle zu Grunde zu legen — derart, dafs wir alle andern in Betracht zu ziehenden
Vitaldifferenzen als Modifikationen des gewählten Falles
behandeln dürfen.

Bei dieser Bestimmung des, wie wir kurz sagen
wollen, Fundamentalfalles haben wir uns zu entscheiden, ob wir die Schwankung eines Haupt- oder Nebenpartialsystems, eine Arbeits- oder eine Ernährungsschwankung, eine positive oder negative und hierbei
wieder die positiv oder negativ zunehmende Schwankung, eine innerhalb oder aufserhalb der physiologischen Bedingungen des Wachseins, eine gleichmäfsig
oder ungleichmäfsig gesetzte, eine (wenigstens annähernd) gleichförmig oder möglichst ungleichförmig
und wiederum durch ein einfacheres oder komplizier-
teres Verfahren aufgehobene Schwankung auswählen
wollen; und zwar eines Individuums, welches noch in
fortschreitender Entwicklung begriffen oder bereits in
abgeschlossener Ausbildung befangen ist.

Für die zu treffende Entscheidung haben wieder
die Gesichtspunkte der Einfachheit und Fruchtbarkeit
mafsgebend zu sein.

198. — In ersterer Hinsicht erscheint der Aus-

gang von den an sich gleichförmiger bedingten Ernährungsschwankungen, von unserm Standpunkt aus,
einfacher als derjenige von den vielförmiger bedingten
Arbeitsschwankungen; der Ausgang von den innerhalb
der Bedingungen des Schlafes gesetzten einfacher als
von solchen, die im bunten Spiel wachen Lebens gesetzt
werden; der Ausgang von den positiven und positiv
zunehmenden Ernährungsschwankungen einfacher als
der Ausgang von den negativen und negativ zunehmenden Ernährungsschwankungen, welcher letztere
Ausgang unsere Untersuchung der Erhaltung des
Systems C dem mit der Nahrungsgewinnung zusammenhängenden Verhalten näher führen würde als den Ar-
beitsformen, welche unserer Aufgabe näher stehen; der
Ausgang ferner von den (annähernd) gleichmäfsig auf-
gehobenen Schwankungen einfacher als derjenige von
den ungleichmäfsig gesetzten und ungleichmäfsig auf-
gehobenen; und endlich erscheint der Ausgang von
Hauptpartialsystemen, welche sich bereits in wiederkehrender Übung funktionell und formell entwickelt
haben, einfacher als von Nebenpartialsystemen, welche
erst noch zu entwickeln sein würden.

199. — In Hinsicht der Fruchtbarkeit des auszuwählenden Falles leitet uns die folgende Erinnerung:

Im Mutterleib, als einer in Bezug auf R-Werte
annähernd konstanten Umgebung, ist auch der Wert
$f(R)$ als annähernd konstant zu betrachten, während
der Wert $f(S)$, gebunden an die Änderungen des
mütterlichen Nahrungsverkehrs, mannigfachen Schwankungen unterworfen gedacht werden mufs. Diese Ernährungsschwankungen des ungebornen Kindes können aber jedenfalls nicht mit speciellen E-Werten von
uns verbunden werden, sofern als das System C vor

der Geburt unter die Bedingungen des Schlafes gestellt zu denken ist. Seine Ernährungsschwankungen
werden sonach erst mit speciellen E-Werten für uns
verbindbar, wenn das Kind aus dem mütterlichen
Schofs ausgestofsen ist, da von nun an — zuerst durch
den Gewaltakt der Geburt, sodann durch den eigenen
täglichen Ernährungsrhythmus — das System C wenigstens zeitweilig den Bedingungen des Schlafes ent-
hoben ist.

Wie uns aber der Ausgang unserer Betrachtung
von einem Individuum, dessen centrale Partialsysteme
sich bereits in wiederkehrender Übung aus Neben- zu
Hauptpartialsystemen funktionell und formell bestimmt
haben, einfacher schien; so mufs uns der Fortgang
unserer Untersuchung fruchtbarer erscheinen, wenn ein
Individuum den Fundamentalfall bildet, welches sich
weder innerhalb seiner Entwicklung vor oder zu nahe
seiner Entwicklung unmittelbar nach der Geburt,
noch aber auch schon sich in einer Lebensphase befindet,
in welcher es zum Entwicklungsstillstand gelangt ist.

200. — In Anschlufs an diese Erinnerung würden
wir für den Fundamentalfall eine positive und positiv
zunehmende Ernährungsschwankung bevorzugen,
welche gesetzt ist innerhalb der Bedingungen des Schlafes,
aber aufgehoben ist innerhalb der Bedingungen des
Wachseins; wir bevorzugen eine positive und positiv
zunehmende Ernährungsschwankung, weil unser Gegenstand uns eine Untersuchung solcher wenigstens individueller Kulturstufen oder Formen, welchen die Aufsuchung und Aufnahme von Nahrungsstoff nicht mehr
die vorherrschende Erhaltungsbedingung ist, ergiebiger
erscheinen lassen mufs, als die Untersuchung solcher
Kulturstufen oder Formen, deren noch leistbare Arbeit

nur eben in der Beschaffung von Nahrungsmitteln auf-
geht; wir wählen eine gleichmäfsig gesetzte und
durch gleichmäfsige Arbeitsvermehrung aufgehobene, bez. gewöhnlich aufhebbare Ernährungsschwankung, weil auf ihr, je mehr der Organismus ausgebildet ist, auch die Gleichmäfsigkeit der Erhaltung beruhend zu denken ist; wir wählen Hauptpartialsysteme, weil wir uns der relevanten Schwankungen
zu versichern haben, und zwar wählen wir solche
Partialsysteme, welche sich aus Nebenpartialsystemen —
gerade in dem angegebenen Rhythmus von annähernd
gleichmäfsig wiederkehrenden Ernährungs- und Arbeits-
änderungen und in Abhängigkeit von deren Gröfsen
und Formen — zu funktionell und formell bestimmten
Hauptpartialsystemen entwickelt haben. Und alles das
bei einem Individuum, das noch in fortschreitender
Entwicklung begriffen ist, weil nur die Untersuchung
solcher Individuen von zugleich praktischer Bedeutung
zu werden versprechen kann.

Mit letzterem braucht nicht ausgeschlossen zu sein, dafs diese
Entwicklung von vornherein durch vererbte oder sonst angeborene
Anlage unterstützt sein kann.

201. — Wir wählen mithin zu dem unserer Untersuchung zu Grunde zu legenden Fall:

ein centrales Partialsystem, welches, einem
entwicklungsfähigen Individuum zugehörig, bei
Setzung der Bedingungen des Wachseins bereits
mit einer gleichmäfsigen (auf ursprünglicher Anlage oder früherer Erwerbung beruhenden) Ernährungsvermehrung versehen ist; denken dazu
eine Arbeitsvermehrung, welche — mit den Bedingungen des Wachseins und durch die Umgebung nach Gröfse und Form ebenfalls gleich-

mäfsig gesetzt — die angegebene Ernährungsvermehrung hinreichend gleichmäfsig und hinreichend lange aufgehoben hat, um durch die
solcherart mitgesetzte anhaltende und bestimmt
gerichtete Übung das zugehörige Partialsystem
zu einem funktionell und formell differenzierten
Hauptpartialsystem zu entwickeln.

Die *Gleichmäfsigkeit* soll nur für die Vergleichung zeitlich nahe
bei einander liegender Entwicklungsmomente beansprucht — die
Entstehung gröfserer Differenzen bei zeitlich weiter auseinander liegenden Entwicklungsmomenten also nicht aufser Berücksichtigung gelassen sein.

II.

202. — Wir bezeichnen die im ausgewählten
Fall gesetzte gleichmäfsige Ernährungsvermehrung, mit
welcher ein Hauptpartialsystem beim Eintreten in die
Bedingungen des Wachseins versehen gedacht wird,
als das p a r t i a l s y s t e m a t i s c h e Moment *II*; die
zugehörige gleichmäfsige Arbeitsvermehrung, durch
welche dieselbe — nach der Annahme des ausgewählten
Falles — hinreichend gleichmäfsig und lange täglich
aufgehoben worden ist, als das p a r t i a l s y s t e m a -
t i s c h e K o m o m e n t *Γ*. Und entsprechend werden
wir die Erhebung einer Arbeitsänderung zum Werte
eines partialsystematischen Komomentes als p o s i t i v e,
die Herabsetzung dieses Wertes als n e g a t i v e K o -
m o m e n t i e r u n g bezeichnen.

Nicht jede Schwankung des Systems C ist ein partialsystematisches Komoment *Γ*; aber jedes partialsystematische Komoment *Γ*
ist zugleich eine Systemschwankung.

203. — Die Setzungen der partialsystematischen
Momente *II* ergeben für die Einteilung der von uns
zu behandelnden Vitaldifferenzen nun zugleich, wie
wir sie, im Anschlufs an unsere Unterscheidung der

Schwankungsordnungen (n. 177) und jene Unterscheidung
für unsere Zwecke etwas näher bestimmend bezeichnen
wollen, die Vitaldifferenzen erster Ordnung.

204. — Die sämtlichen weiteren in Betracht zu
ziehenden Fälle der Vitaldifferenzen überhaupt würde
man durch Variationen des n. 201 ausgewählten Falles
erhalten; die allgemeinsten und einfachsten Modifikationen folglich, wenn man nur je einen der zwei
Werte Π und Γ variiert und den andern konstant
beläfst.

In jedem dieser Fälle ist die Aufhebung,
welche durch das Zusammentreten der *unveränderten*
Werte gesetzt war, einer Abänderung unterworfen —
durch beide Fälle mithin zwei Arten einfacher ab-
geleiteter Vitaldifferenzen gesetzt zu denken. Wir bezeichnen solche abgeleitete Vitaldifferenzen je nach der
Komplikation ihrer Setzung als Vitaldifferenzen
zweiter, dritter u. s. w. Ordnung.

205. — Solche Vitaldifferenzen höherer Ordnung
können bei den Komomenten Γ sowohl durch deren
quantitative als qualitative Variation erreicht werden;
bei den Momenten Π durch Vermehrung oder Verminderung der ehemals gleichmäfsig gesetzten Ernährungsvermehrung.

206. — Endlich ist ein Specialfall der Änderung
von Komomenten denkbar, der wegen seiner Bedeutung für unsere Zwecke besonders hervorgehoben zu
werden verdient.

Wir gewannen von den Komomenten aus eine Vitaldifferenz zweiter Ordnung, indem wir die der Umgebung angehörigen Bedingungen ihrer Setzung variiert
dachten; allein es bleibt auch eine von der Umgebung
in gewissem Sinne unabhängige Variation der Ko-

momente denkbar — nämlich durch die Koexistenz
mit einem zweiten partialsystematischen Komoment,
das in Bezug auf das erstgesetzte selbst als Änderungsbedingung gedacht wird.

207. — Die Änderung von Komomenten durch
qualitative Abweichungen erfordert noch eine kurze
Bemerkung. — Dafs die Gleichheit der partialsystematischen Faktoren aufgehoben ist, wenn die gesetzte
Arbeitsvermehrung zwar qualitativ den Komomenten
gleich geblieben ist, quantitativ von ihr aber abweicht,
bedarf keiner Erläuterung; dafs indessen diese Aufhebung auch gesetzt ist, wenn die gesetzte Arbeitsvermehrung quantitativ gleich blieb und nur qualitativ
von dem Komoment abweicht, folgt daraus, dafs man
auch die qualitative Abweichung auf einen quantitativen Ausdruck bringen kann: Nach unserer
Voraussetzung ist das sich ändernde Partialsystem in
seiner Änderungsform durch die annähernd gleichmäfsig und hinreichend lange übenden Umgebungsbestandteile funktionell und formell bestimmt worden;
denken wir nun dem Partialsystem eine andere als
diese bestimmte, dem Komoment eignende Änderungsform abgenötigt, so denken wir zugleich eine Beschränkung oder Aufhebung, mithin eine Änderung
der dem Partialsystem anentwickelten Bestimmungen,
auf welchen das Komoment beruhte.

208. — Die Vitaldifferenz vom Werte Null endlich, wie sie im vitalen Erhaltungsmaximum gesetzt
ist, werde konform mit der entsprechenden Schwan-
kungsbezeichnung (n. 177) eine Vitaldifferenz 0ter
Ordnung genannt.

III.

209. — Die angegebenen Vitaldifferenzen sind als
denkbare eingeführt, d. h. als solche, welche dem
Begriff des Systems C nicht widersprechen. Wir werfen
noch einen Blick auf ihr Verhältnis zu unserer allgemeinen empiriokritischen Voraussetzung.

Was vor allem den ausgewählten Fall anbetrifft,
so dürften in unseren Voraussetzungen, bez. in den
Ergebnissen unserer Analyse die sämtlichen Bedingungen seiner Setzung enthalten sein; insbesondere die
Setzung gleichmäfsiger Arbeitsschwankungen in der Voraussetzung relativ konstanter,
bez. hinreichend gleichmäfsig wiederkehrender Bestandteile derjenigen Umgebung, in welche
ein Individuum zuerst am Tage seiner Geburt, dann
wieder täglich beim Erwachen versetzt wird (vgl. n. 22 f.),
und die Entwicklung der Partialsysteme infolge
jener Übung zu formell und funktionell bestimmten
Hauptpartialsystemen in den Ergebnissen unserer
Analyse (s. n. 76 und 118). Da nun aber die gleichmäfsige
Arbeitsübung Hand in Hand mit einer sich befestigenden
Ernährungsgewöhnung gehen mufs, ansonst die gleichmäfsige Arbeitsübung auf die Dauer nicht gesetzt
werden könnte, die Ernährungsgewöhnung aber eine
sowohl die Arbeitsvermehrung gleichmäfsig aufhebende,
als durch die Arbeitsvermehrung gleichmäfsig aufgehobene sein kann, so ist auch die Bedingung zur Annahme und Zugrundelegung des ausgewählten Falles
nach Seite der gleichmäfsigen Arbeitsvermehrung in unserer allgemeinen Voraussetzung enthalten.

210. — Auch die Vitaldifferenz höherer Ordnung
ist in unseren Voraussetzungen impliziert.

Da nämlich die Annahme des ausgewählten Falles

auf der Voraussetzung eines gleichmäfsigen Rhythmus
von Ernährungs- und Arbeitsschwankungen beruht,
d. h. auf der gleichmäfsigen Wiederkehr bestimmter
Ernährungs- und Arbeitsvermehrungen eines formell
und funktionell bestimmten Partialsystems; da ferner
die Bestimmung und Bestimmtheit aller dieser Werte
aber wieder in der Beschaffenheit der Umgebung und
des Systems C selbst ihre Bedingungen haben; diese
Bedingungen endlich von uns als veränderliche vorausgesetzt wurden (vgl. n. 21 ff.): so müssen wir, mit den
zulässigen Änderungen der Bedingungen, auch die Änderungen des Bedingten, mithin solche Änderungen,
sei es der Umgebungsbestandteile, sei es des Systems C,
zulassen, mit welchen eine Abweichung von der bisherigen Gleichmäfsigkeit (bez. Gleichförmigkeit) sei es
in Bezug auf das Komoment Γ oder in Hinsicht des
Momentes Π selbst gesetzt ist.

211. — Im besondern entspricht es in Bezug auf
die Umgebung unsern gemachten Voraussetzungen,

in allen Fällen, wo das Komoment Γ — dem
Grad nach — von der Gröfse der Änderungsbedingung R abhängig oder speciell als *mathematische Funktion* der Zeit oder Entfernung gedacht ist, d i e s e
G r ö f s e   o d e r   Z e i t   d e r   E n t f e r n u n g ,   i n   w e l -
c h e r   R   g e s e t z t   i s t —

oder in all den Fällen, wo das Komoment Γ —
nach seiner Form — von einer bestimmten Art oder
Kombination der Umgebungsbestandteile abhängig gedacht wird, d i e s e   A r t   o d e r   K o m b i n a t i o n —

durch irgendwelche hinzutretende Änderungsbedingungen derart geändert denken zu können, dafs dadurch die Bedingung für die Setzung von Vitaldifferenzen höherer Ordnung gegeben ist.

212. — So entspricht es auch einerseits unseren Voraussetzungen, nach all den qualitativen und quantitativen Beziehungen, in welchen eine Ernährungsschwankung von den zugeführten Nahrungsstoffen, der eingeatmeten Luft, dem Luftdruck, der Temperatur, von der körperlichen Bewegung u. s. w. abhängig gedacht wird, diese Bedingungen, einzeln oder zusammen, so variiert zu denken, dafs dadurch in erster Linie die Setzung der bisher gleichmäfsigen Ernährungsschwankung in diesem Falle nicht zugelassen wird.

213. — Andrerseits ist es ebenso in Übereinstimmung mit den Ergebnissen unserer Analyse, wenn wir, bei Konstanterhaltung der äufseren Ernährungsverhältnisse, sei es durch weiterschreitende, von der vermehrten oder verminderten Übung abhängige formale Umbildungen, sei es durch einen der physiologisch gesetzten typischen Entwicklungsprozesse, sei es durch Entfaltung einer pathologischen Anlage (Vererbung) u. ä. die Ernährungsbestimmtheit eines centralen Partialsystems und damit auch das zugehörige Moment *II* geändert denken.

214. — Endlich ist auch die Annahme eventueller Vitaldifferenzen des n. 206 besonders angemerkten Specialfalles in unserer allgemeinen Voraussetzung mitenthalten, sofern das System C durch konkurrierende Änderungsbedingungen in die Lage versetzt werden kann, mehrere relativ unabhängig voneinander eingeübte Schwankungen, welche formverwandt sind, d. h. deren Formen zum Teil gleiche, zum Teil differente sind, so annähernd gleichzeitig zu vollziehen, dafs jede die Bedeutung einer Änderungsbedingung für die andere annimmt. Sind nun zugleich die beiden zusammen-

stofsenden Schwankungen Komomente, so würde aus
deren Änderungen derjenige kompliziertere Specialfall
von Vitaldifferenzen höherer Ordnung entstehen, welchen wir n. 206 ausgezeichnet haben.

Die Unterscheidung der Ordnungen ist — hier wie auch
sonst — aus praktischen Gründen weder so scharf sondernd, noch
so reich gliedernd genommen, als an sich vielleicht wünschenswert
sein mag. Unsere Ordnungen sollen nur ein stark vereinfachtes und
schematisiertes, aber auch bequemes Bild unbegrenzt vieler Abstufungen, Schattierungen und Gliederungen geben.

IV.

215. — Gesetzt nun, ein Partialsystem, wie solches
im ausgewählten Fall angenommen, sei in dem Zeitpunkt, in welchem es unter die Bedingungen des
Wachseins gestellt wird, mit einem beliebigen partialsystematischen Moment *II* versehen, so mufs — sofern
das System C unter Verminderungen seines vitalen
Erhaltungswertes sich behauptend vorausgesetzt wird —
ebendamit auch eine entsprechende negativ zunehmende
Schwankung gefordert werden.

Ward das Moment *II* gesetzt, so können nun
weiter die Bedingungen seiner Aufhebung, d. h. die
Bedingungen für die Setzung des zugehörigen Ko-
moments *I*, vorausgesetzt werden

Fall I: unverändert,
Fall II: verändert.

216. — Fall I. Werden unveränderte Bedingungen vorausgesetzt, so wird die Vitalreihe auch ganz
in der Weise, wie sie ablief, wieder ablaufend zu
denken sein. Wir wollen diesen einfachsten Fall einer
Vitalreihe — welcher Fall unserer Untersuchung keine

besonderen Mannigfaltigkeiten bietet — bezeichnen als
Vitalreihe erster Ordnung.

217. — Fall II. Werden veränderte Bedingungen vorausgesetzt, so können sie weiter vorausgesetzt
werden als verändert:

Fall A) nach ⎫ Beginn der negativ zuneh-
Fall B) vor ⎭ menden Schwankung.

In beiden Fällen erhalten wir ein variiertes
Komoment Γ und damit eine Vitaldifferenz
höherer Ordnung.

Es schaltet sich somit in der Vitalreihe erster Ordnung eine Zwischenreihe oder — wie sie entsprechend
zu nennen sein würde — eine Vitalreihe höherer
Ordnung ein, deren Einleitung eine Medialänderung
erster Ordnung und deren Medial- und Finaländerungen
(also die *Medial-* und *Finaländerungen höherer Ordnung*)
erst nur den Übergang zu dem völligen Abschluſs
der ganzen Behauptung, d. h. der Vitalreihe erster Ordnung bilden würden.

218. — Es kann die Variation des Komomentes Γ
ferner sein (nach n. 205):

1) eine quantitative — die Gröſse betreffend,
2) eine qualitative — die Form betreffend.

Da sich auch die qualitative Variation auf einen
quantitativen Ausdruck bringen läſst (n. 207), so dürfte
der Unterschied für die Analyse kein wesentlicher sein;
wohl aber möchte sich für unsern speciellen Zweck die
besondere Hervorhebung der qualitativen Variation
empfehlen.

Bezeichnet Γ die unvariierte Form des partialsystematischen Komomentes, so werde der Wert, um
welchen also Γ in der Variation vermehrt gedacht
werden soll, mit $\Delta\Gamma$ bezeichnet. Es würde nun im

allgemeinen in Fall A erst die unvariierte Form Γ, dann die variierte Form $\Gamma + \varDelta\Gamma$ anzunehmen sein; während dagegen in Fall B die weitere Gliederung der Reihe davon abhängen wird, ob das unvariierte Komoment und das variierte gleiche oder verschiedene Zeiten haben, so dafs, da die Zeiten selbst als veränderliche denkbar sind, in Bezug speciell auf die Einleitung von Reihen höherer Ordnung verschiedene Fälle gedacht werden können:

219. — 1) Unvariiertes und variiertes Komoment haben infolge irgendwelcher Änderungsbedingungen verschwindend kleine Zeitunterschiede, und ergeben somit eine zeitlich annähernd zusammenfallende Form der Arbeitsvermehrung; und d. h.: es resultiert eine, wie wir sie nennen können, komplikative Vitalreihen-Einleitung: $\Gamma + \varDelta\Gamma$.

220. — 2) Unvariiertes und variiertes Komoment haben verschiedene Zeiten und es werden somit 2 zeitlich auseinander fallende Formen gesetzt. Dieser Fall ergiebt mithin eine explikative Vitalreihen Einleitung: $\Gamma, \Gamma + \varDelta\Gamma$.

221. — 3) Die Zeiten sind zwar verschiedene, aber doch durch irgendwelche Bedingungen derart bestimmt, dafs während die eine Änderung besteht, die andere dazu tritt, oder nachdem beide gesetzt waren, die eine die andere überdauert; so erhält man zwar auch eine explikative Einleitung, aber doch zugleich eine solche, von welcher ein — in zusammengesetzten Fällen — mehrere Glieder für sich wieder eine komplikative darstellen. Dies würde also gemischte Vitalreihen-Einleitungen mannigfaltigster Art ergeben. Zum Beispiel: $\Gamma + \varDelta\Gamma, \Gamma$.

222. — Von diesen denkbaren Fällen heben wir

denjenigen hervor, welcher für unsere Zwecke am meisten in Betracht kommt.

Es ist dies von den angeführten der zweite (n. 220): also der Fall, in welchem die Initial-änderung (höherer Ordnung) streng genommen erst eintritt, nachdem ein Zeitteil vorher das partial-systematische Komoment seiner Form nach unverändert verwirklicht war.

Dieser Zeitteil ergiebt dann einen Vorabschnitt der eigentlichen Vitalreihe höherer Ordnung. Es nähert sich durch ihn die Gliederung des Falles B derjenigen von A an, wo gleichfalls die Form Γ vor der Form $\Gamma + \Delta\Gamma$ gesetzt gedacht wird; so dafs dann Γ zugleich den Wert einer Medialänderung erster Ordnung und des Vorabschnittes der Initialänderung höherer Ord-nung vertritt.

Hiermit dürfte der Fall genügend umschrieben sein, an welchen unsere weitere Analyse anzuknüpfen hätte.

VIERTER ABSCHNITT.

Medial- und Finaländerungen der unabhängigen Vitalreihe.

ERSTES KAPITEL.

Allgemeines.

I.

223. — Aus dem Begriff des Medialabschnitts folgt, dafs zu ihm alle Änderungen des Systems C zu rechnen sind, welche sich zwischen die Einführung der Vitaldifferenz und ihre Aufhebung einordnen (n. 182). Da nun die Verwirklichung jeder beliebigen Änderung infolge irgendwelcher momentanen Bedingungskombination innerhalb jener zeitlichen Grenzen denkbar ist, so folgt, dafs jede beliebige denkbare Änderung des Systems C auch als denkbare Medialänderung behandelt werden kann.

Hieraus läfst sich aber nicht weiter folgern, dafs auch jede beliebige denkbare Medialänderung zugleich als *eigentliche Vermittelung* für die Finaländerung der gleichen Ordnung gedacht werden könnte; das kann sie vielmehr nur, sofern sie (nach n. 194) zugleich die formalen Bedingungen der Vitaldifferenz-Aufhebung erfüllend gedacht werden kann.

224. — Wir unterscheiden daher die denkbaren Medialänderungen überhaupt in solche, welche zugleich die formalen Bedingungen der Vitaldifferenz-Aufhebung erfüllend gedacht werden: die Medial-änderungen als eigentliche Vermittelungen der Finaländerung; und in solche, welche nicht zugleich als Vermittelungen im angegebenen Sinn gedacht werden können: die Medialänderungen als blofs dazwischenlaufende Mitänderungen.

So wichtig es in mancher Hinsicht ist, die blofs dazwischenlaufenden Änderungen nicht ganz aufser acht zu lassen, so sind es doch die eigentlich vermittelnden Änderungen, welche wir vorderhand ins Auge fassen müssen.

II.

225. — Denken wir ein System C wenigstens insoweit dem Ideal (n. 187) angenähert, als es für eine beschränkte Zahl Fälle und innerhalb eines begrenzten Zeitraumes in einer nicht-idealen Umgebung unter Verminderungen seines vitalen Erhaltungswertes sich vollständig behaupten können soll, so specialisiert sich mithin für jede dem System C als denkbar zugeschriebene vollständige Erhaltung der allgemeine Satz n. 188 für die Vitalreihe in Bezug auf den Medialabschnitt — und unter Einbeziehung weiterer Ergebnisse unserer Analyse — dahin:

Soll eine Vitalreihe eines Systems C als vollständige gedacht werden können, so mufs der Medialabschnitt jeder Ordnung solange verlängert gedacht werden, bis sich eine Änderung anreiht, welche die formalen Bedingungen der

Aufhebung der Vitaldifferenz gleicher Ordnung erfüllt.

III.

226. — Für den Fall I (s. n. 215 ff.): Voraussetzung unveränderter Bedingungen für die Setzung des einem partialsystematischen Moment *II* zugehörigen Komomentes *Γ* — also bei der Vitalreihe erster Ordnung — lassen sich die gleichen Arbeits-Formen und -Massen, unter deren gleichmäfsiger Setzung sich das betreffende Partialsystem zu einem Hauptpartialsystem entwickelt hatte, auch als diejenige quantitative und qualitative Arbeitsvermehrung denken, vermöge welcher sich dasselbe nun behauptet. D. h.: das unveränderte Komoment fungiert einfach als Medialänderung (erster Ordnung); und sowie das System C mit dem unveränderten Komoment versehen gedacht wird, ist es — falls das Komoment unverändert bleibt — auch seiner Finaländerung (erster Ordnung) einfach versichert.

227. — Falls dagegen das partialsystematische Komoment aber nicht unverändert bleibt, sondern variiert wird, so müssen die Medialänderungen als solche Änderungen gedacht werden, welche erst die Variation des Komomentes aufheben. D. h.: es geht Fall I in Fall II über; eine Vitaldifferenz höherer Ordnung ist gesetzt und es mufs — unter der Voraussetzung vollständiger Behauptung — eine Vitalreihe höherer Ordnung eingeschaltet werden.

228. — Und wie im Fall I die Medialänderung einfach der Form nach aus dem Komoment besteht,

welches — als entsprechende negativ zunehmende
Schwankung — die Vitaldifferenz ihrer Aufhebung
entgegenführt (s. n. 226), so müssen jetzt die Medialänderungen als solche gedacht werden, welche die
Variation des Komomentes ihrer Aufhebung annähern. Und wie im Fall I die Finaländerung der
Vitalreihe erster Ordnung in eben dieser Aufhebung
des einfachen Unterschieds von der Systemruhe besteht, so wird die Finaländerung höherer Ordnung in
der Aufhebung des Unterschiedes von dem Komoment,
also der Komomenten-Variation zu bestehen haben.

Durch die Finaländerung höherer Ordnung somit
geht der Fall II in den Fall I zurück: an
Stelle der Vitalreihe höherer Ordnung tritt wieder die
Vitalreihe erster Ordnung.

229. — Der Fall I schließt nicht aus, daß das
Komoment — als die entsprechende, negativ zunehmende Schwankung — selbst erst durch irgendwelche
weitere Änderungen bedingt und herbeigeführt
gedacht werden kann. Je reiner herausgebildet der
Fall I angenommen wird, je mehr werden auch diese
Änderungen sich dem Werte eines partialsystematischen
Komomentes annähern, so daß ihr zugehöriges Partialsystem sich selbst nur vollständig zu behaupten vermag, indem es der vollständigen Behauptung eines
andern Partialsystems dient.

230. — Im übrigen sind die Medialänderungen
erster Ordnung im wesentlichen keine anderen, als wie
sie auch bei den Vitalreihen höherer Ordnung gesetzt
sind oder sein können; so ziehen wir denn vor, sie
bei den Medialänderungen höherer Ordnung mit zu
behandeln, als an welcher Stelle ihre Analyse am
meisten unserem Zweck entspricht. Aus dem gleichen

Grunde mögen auch die Arten der Komomente überhaupt ihre erforderlich nähere Berücksichtigung erst im folgenden finden.

ZWEITES KAPITEL.

Ausgewählte Fälle denkbarer Vermittelungen.

I.

231. — Wir versuchen zunächst unseren Voraussetzungen zu entnehmen, wie wir überhaupt die formalen Bedingungen zur Aufhebung einer Vitaldifferenz höherer Ordnung zu denken haben.

Nach unserem ausgewählten Fall, in welchem die Setzung des partialsystematischen Momentes II den Fall einer Vitaldifferenz erster Ordnung darstellt (n. 203), fände letztere ihren analytischen Ausdruck in der Ungleichung

$$\vartheta = f(R) + [f(S) + II] > 0.$$

Dagegen die Vitaldifferenz höherer Ordnung, die wir mit ϑ' bezeichnen wollen, nach n. 204 in der Ungleichung

$$\vartheta' = [f(R) + \Gamma] + [f(S) + II] > 0.$$

232. — Denkt man sich von den n Hauptpartialsystemen des Systems C eine Anzahl k mit einer Vitaldifferenz höherer Ordnung versehen, die übrigen n—k ohne eine solche, so ist für die n Hauptpartialsysteme

$$\vartheta'_1 > 0$$
$$\vartheta'_2 > 0$$
$$\vdots$$
$$\vartheta'_k > 0$$

$$\delta'_{k+1} = 0$$
$$\delta'_{k+2} = 0$$
$$\vdots$$
$$\delta'_{n} = 0,$$

mithin für das ganze System C:

$$\Sigma \delta' = [\Sigma \, f(R) + \Sigma \Gamma] + [\Sigma \, f(S) + \Sigma II] \succ 0.$$

233. — Wie (n. 191) alle denkbaren Fälle, in welchen die Gleichung

$$\delta = f(R) + f(S) = 0$$

in die Ungleichung

$$\delta = f(R) + f(S) \succ 0$$

übergeführt wird, die sämtlichen Fälle positiv — und umgekehrt, die denkbaren Fälle der Zurückführung dieser Ungleichung in jene Gleichung die sämtlichen Fälle negativ zunehmender Schwankung ergeben würden; so würden jetzt die **denkbaren Fälle der Vitaldifferenz höherer Ordnung und ihrer Aufhebung** sich durch eine analoge Behandlung der zugehörigen Gleichungen auffinden lassen. Aber so wenig wie an jener, entspräche an dieser Stelle eine solche Aufzählung unserer nächsten Aufgabe. Wir haben uns jetzt vielmehr — im Anschluß an den n. 201 zu Grunde gelegten Fall — nur an einigen ausgewählten Fällen zu vergegenwärtigen, durch welche Variationen der Ungleichung

$$\delta' = [f(R) + \Gamma] + [f(S) + II] \succ 0,$$

bez. für das System C:

$$\Sigma \, \delta' = [\Sigma \, f(R) + \Sigma \Gamma] + [\Sigma \, f(S) + \Sigma II] \succ 0$$

die **formalen Bedingungen zur Aufhebung der Vitaldifferenz höherer Ordnung erfüllt gedacht werden können.**

Die nächstfolgende Aufgabe würde sein, die Än-

derungen des Systems C, welche die Analyse ergab,
unter dem Gesichtspunkt der denkbaren *eigentlichen
Vermittelung* (n. 224) auszuwählen und einzuteilen;
dann hervorzuheben, i n w i e f e r n sie die formalen Bedingungen der Aufhebung erfüllend gedacht werden
können; und endlich bliebe wenigstens im allgemeinen
zu untersuchen, unter welchen Bedingungen die ausgewählten denkbaren Vermittelungen als wirkliche
vorausgesetzt werden könnten oder nicht.

234. — Fall A. Angenommen, es sei eine Vitaldifferenz höherer Ordnung gesetzt, etwa

$$\delta'_1 = [f(R_1) + \Gamma_1] + [f(S_1) + \Pi_1] > 0,$$

so ist denkbar, dafs die Umgebungskombination, welcher das System C exponiert wird, (überhaupt oder
vorläufig) in gar keiner direkten funktionellen Beziehung zu dem zugehörigen Partialsystem c_1 steht;
und dann wird die nächste Änderung, welche überhaupt die formalen Bedingungen zur Aufhebung einer
Vitaldifferenz höherer Ordnung erfüllend gedacht werden kann, eine solche sein, die dem System C erst
nur eine Änderungsbedingung verschafft, welche mit
c_1 in funktioneller Beziehung steht.

235. — Fall B. Dagegen wird für den umge-
kehrten Fall, dafs die Umgebungskombination bereits
mit dem in positiv zunehmender Schwankung befindlichen Partialsystem c_1 in funktioneller Beziehung
steht, eine Änderung, welche diese Beziehung wieder
überhaupt aufheben würde, n i c h t die formalen Bedingungen zur Differenzaufhebung erfüllend gedacht
werden müssen.

Im Fall A wird also schon jede Medialänderung
den Wert einer eigentlich vermittelnden annehmen,
welche nur erst das in positiv zunehmender Schwan-

kung befindliche Hauptpartialsystem seinen entsprechenden Änderungsbedingungen überhaupt darbietet.

II.

236. — Aus dem allgemeinen Fall B nun, dafs
das in positiv zunehmender Schwankung befindliche
Hauptpartialsystem überhaupt seiner Änderungsbedingung exponiert ist, heben wir nur die folgenden spe-
cielleren Fälle heraus, welche sämtlich mit dem für uns
wichtigsten Falle in Beziehung stehen, dafs die Vitaldifferenz höherer Ordnung sich auf der Variation speciell
des dem Partialsystem c_1 zugehörigen Komomentes Γ_1,
also auf Vermehrung des Wertes Γ_1 um $\varDelta\Gamma_1$ begründe.

Es kann dann die Gleichung

$$\varSigma\,\delta' = [\varSigma\,f(R) + \varSigma\Gamma] + [\varSigma\,f(S) + \varSigma\Pi] = 0$$

wieder hergestellt werden:

1) durch Vermehrung des Wertes $\Gamma_1 + \varDelta\Gamma_1$ in
der Ungleichung

$$\{f(R_1) + [\Gamma_1 + \varDelta\Gamma_1]\} + [f(S_1) + \Pi_1] > 0$$

um den Wert $-\varDelta\Gamma_1$; und zwar

a) indem die Änderungsbedingung im entgegengesetzten Sinne vermehrt wird; oder

b) indem die Änderung auf ein anderes Partialsystem übertragen wird.

Im Falle a wird durch die Wiederherstellung der
Gleichung für das Partialsystem c_1 ohne weiteres auch
die Gleichung für das ganze System C wiederhergestellt sein. Im Falle b werden dazu aber noch andere Bedingungen erforderlich sein, z. B. dafs das
Partialsystem, welchem die Änderung zugeleitet worden
ist, entweder ein Nebenpartialsystem sei, oder ein solches Hauptpartialsystem c_2, für welches die zugeleitete
Änderung keine qualitative Variation mehr bedeutet,

sofern seine eigentümlichen Änderungen selbst bereits dieselbe der Form nach inkludieren, und für welches infolgedessen die mit dem Änderungszuwuchs gesetzte Arbeitsvermehrung nur die Bedeutung einer unerheblichen Schwankung hat.

Ein besonderer Fall würde sein, wenn der zugeleitete Änderungszuwuchs bei dem zweiten Hauptpartialsystem eine bereits bestehende Ernährungsschwankung aufhebt.

237. — Es kann die Gleichung

$$\Sigma \, \delta' = [\Sigma \, f(R) + \Sigma I] + [\Sigma \, f(S) + \Sigma II] = 0$$

wiederhergestellt werden:

2) durch Vermehrung des Wertes II_1 um einen entsprechenden Wert $\varDelta II_1$. — Auch in diesem Falle ist die obige Gleichung wiederhergestellt einfach durch Wiederherstellung der Gleichung für das Partialsystem c_1.

238. — 3) Durch negative Komomentierung des Wertes $\varGamma_1$ in $\varGamma_1 + \varDelta \varGamma_1$, indem das zugehörige Hauptpartialsystem c_1 zu einem Nebenpartialsystem zurückentwickelt wird und statt dessen ein ehemaliges Nebenpartialsystem zum Hauptpartialsystem wird, dessen Änderungen — als nunmehriges Komoment — in den Änderungsbedingungen, welche das frühere $\varGamma_1$ variierten, nicht mehr Bedingungen ihrer Variation haben. In diesem Falle ist die Gleichung für das ganze System C dadurch wiederhergestellt worden, daß das Partialsystem, welchem die Ungleichung

$$[f(R) + \varGamma] + [f(S) + II] > 0$$

zugehörte, aus der Reihe der Hauptpartialsysteme überhaupt aus- und dafür ein anderes Partialsystem eingeschaltet worden ist, dessen zugehörige Vitalwerte die Gleichung

$$[f(R) + \varGamma] + [f(S) + II] = 0$$

ergeben.

DRITTES KAPITEL.
Die denkbaren Änderungen des Systems C als Vermittelungen.

I.

239. — Unsere nächste Aufgabe besteht nach n. 233 (Absatz 2) darin, die Änderungen des Systems C, über welche es, nach Ergebnis unserer Analyse (n. 84 ff.), verfügt, unter dem Gesichtspunkt der denkbaren *eigentlichen Vermittelung* einer negativ zunehmenden Schwankung auszuwählen und einzuteilen.

Vor allem hätten wir die Voraussetzung hervorzuheben, daß solche eigentlich vermittelnde Medialänderungen sowohl abhängig als auch unabhängig vom System C gesetzt sein können.

Eine vom System C unabhängige Änderung, welche dennoch als Vermittelung für eine negativ zunehmende Schwankung gedacht werden kann, wird überall da gesetzt sein, wo die positiv zunehmende Schwankung auf Umgebungsänderungen beruhte und eine zweite Umgebungsänderung, welche in entgegengesetztem Sinne das System C ändert, unabhängig von diesem durch beliebige Änderungsbedingungen gesetzt wird.

240. — Die einfache Anführung dieser Art eine negativ zunehmende Schwankung vermittelnder Änderungen mag genügen; etwas eingehender dagegen sind die vom System C abhängigen Änderungen, sofern sie zugleich als Vermittelungen denkbar sein sollen, zu analysieren.

Die hier auszuwählenden Arten lassen sich nach dreifachem Gesichtspunkt unterscheiden:

I) nach ihrem Zusammenhang mit dem System C selbst;

II) nach ihrer Beschaffenheit als funktionelle oder formelle Änderung des Systems C;

III) nach der Zeit, welche sie zu ihrer vollständigen Setzung beanspruchend gedacht werden.

II.

241. I. Demnach unterscheiden wir zunächst — in Hinsicht also auf ihren Zusammenhang mit System C — solche Änderungen, welche ausschliefslich vom System C abhängig gedacht werden, weil sie ganz innerhalb desselben verlaufen, von solchen Änderungen, deren Erfolg zwar auch innerhalb des Systems C zur Geltung zu kommen hätte — eben als Verminderung, bez. Aufhebung der Vitaldifferenz —, welche aber nur in ihren Anfangsgliedern, nicht in ihrem weiteren Verlauf ausschliefslich vom System C abhängig gedacht werden.

Solche Änderungen, welche — obgleich in ihren Anfangsgliedern vom System C abhängig — doch aufserhalb desselben sich vollziehen, bezeichnen wir als ektosystematische; ihre Anfangsglieder, sowie alle Änderungen überhaupt, welche innerhalb des Systems C verlaufen, als endosystematische Änderungen.

242. — A. Innerhalb der ektosystematischen Änderungen unterscheiden wir wiederum solche Änderungen, welche (vgl. n. 85)

1) das Abhängigkeitsverhältnis zwischen dem System C und der Änderungsbedingung fixieren, sofern sie die Richtung auf die in der Umgebung

enthaltene Änderungsbedingung R_1 oder diese selbst
fest- oder von R_1 andere Änderungsbedingungen,
welche R_1 entfernen oder ändern oder vernichten
würden, abhalten;

2) das Abhängigkeitsverhältnis permutieren,
sofern sie R_1 gegen R_2 vertauschen oder die Stellung
des Organismus zu R_1 verändern;

3) das Abhängigkeitsverhältnis transformie-
ren, sofern sie R_1 vernichten oder umändern, oder
sofern sie die Abhängigkeit des Systems C von R_1 ändern durch Akkommodation peripherischer Organe oder
durch Änderung der Distanz zwischen R_1 und dem
Organismus — sei es, dafs R_1 entfernt, bez. genähert,
sei es, dafs der eigene Organismus von R_1 entfernt,
bez. ihm genähert wird.

243. — B. Innerhalb der endosystematischen
Änderungen möchten folgende Fälle zu unterscheiden sein (vgl. n. **87** ff.):

1) Änderungen infolge transitorischer Funktions-
ausbreitung, und zwar:

a) Herbeiführung eines vorübergehenden anderen Ernährungsverhältnisses durch vorübergehende Variation der physiologischen Ernäh-
rungsbedingungen;

b) Weiterleitung der zugeführten Änderung
von den primär ergriffenen Partialsystemen auf andere;

2) Änderungen infolge vermehrter oder verminderter Übung, und zwar:

a) Änderung des Entwicklungswertes der in positiv zunehmender Schwankung begriffenen Partialsysteme;

b) Änderung der Entwicklungsrichtungen des
Systems C überhaupt.

244. — II. Nach ihrem Unterschied als funktionelle und formelle Änderungen geordnet, würden die
ektosystematischen Änderungen sämtlich und die endosystematischen Änderungen sub 1 die Art funktio-
eller Änderungen bilden; während die übrigen
endosystematischen Änderungen, also die Änderungen
sub 2, die Art der formellen Änderungen ausmachen
würden.

245. — III. In Hinsicht endlich des Zeitanspruchs
stellen wir die relativ kleinen Permutationen und
Transformationen als relativ schnelle Änderungen in
Gegensatz zu den relativ gröfseren als den relativ
langsamen, und die funktionellen Änderungen als die
im allgemeinen schnelleren Änderungen in Gegensatz
zu den auf (geänderter) Übung beruhenden formellen
Änderungen als den im allgemeinen langsameren.

Ob aber eine formelle Änderung langsamer sei
als eine gröfsere Permutation, bez. Transformation,
oder umgekehrt, darüber ist ohne Betrachtnahme des
speciellen Falles nichts zu bestimmen.

III.

246. — Die Mannigfaltigkeit denkbarer Änderungen, welche einen Medialabschnitt bilden können, ergiebt die Mannigfaltigkeit denkbarer Medialabschnitte
überhaupt. Innerhalb dieser Mannigfaltigkeit denkbarer Medialabschnitte sind zunächst 3 Arten zu unterscheiden:

I) rein ektosystematische;

II) rein endosystematische;

III) gemischte.

Innerhalb jeder dieser Arten wiederum lassen
sich dann, je nach der speciellen Art ekto- und endo-

systematischer Änderungen, welche in den Medialabschnitt gelangen, die mannigfaltigsten Unterarten
von Medialabschnitten ableiten.

247. — Wie über die Endbeschaffenheit des Initial-
abschnitts die Zeit der zugehörigen Änderung entscheidet, so auch hier über die Zusammensetzung des
Medialabschnitts. Das heiſst:

Wird nach angenommener positiv zunehmender
Schwankung ein Medialabschnitt angenommen, so sind
in jedem Zeitpunkt diejenigen Arten und Unterarten
denkbarer Medialabschnitte anzunehmen, welche jede
andere im gleichen Zeitpunkt denkbare Art von Medialabschnitten an Schnelligkeit übertreffen.

248. — Es ist folglich die Reihe der Medialänderungen als in dem Zeitpunkt von einer endosystematischen
auf eine ektosystematische, bez. von einer sensibeln
auf eine motorische, von einer funktionellen auf eine
formelle, oder umgekehrt: von einer ektosystematischen
auf eine endosystematische, bez. von einer motorischen
auf eine sensible, von einer formellen auf eine funktionelle übergehend zu denken, in welchem die eine
Änderung schneller als die andere eintretend gedacht
werden muſs.

249. — Wird mithin (nach n. 225) rechtzeitig,
d. h. während eine Vitaldifferenz gesetzt ist, eine endo-
oder ektosystematische Änderung gesetzt, so muſs das
System C, unter der Voraussetzung der schlieſslichen
Vollständigkeit der Vitalreihe, solange zu andersgra-
digen, bez. andersförmigen endo- oder ektosystematischen Änderungen übergehend gedacht werden, bis
sich eine Änderung anreiht, welche die formalen Bedingungen der Vitaldifferenz-Aufhebung erfüllt.

Daſs diese Reihenbildung zeitweis — durch Unterbrechung der

Auslösungen infolge von Erschöpfung — unterbrochen oder auch von andern Medialänderungen einer, sich aus den Änderungen der ersten eventuell ergebenden, zweiten konkurrierenden Schwankung durchbrochen werden kann, macht die vorauszusetzende Behauptung des Systems C wohl komplizierter, ändert sie aber nicht in ihren allgemeinen Bestimmungen.

IV.

250. — Sehen wir jetzt, inwiefern die ausgewählten Änderungen zugleich die formalen Bedingungen zur Aufhebung einer Vitaldifferenz höherer Ordnung erfüllend gedacht werden können; immer noch in der Meinung, daſs eine unschwierige Modifikation die gefundenen Sätze auch für die Vitaldifferenz erster Ordnung geltend machen würde.

A. Ektosystematische Änderungen.

1) Es kann eine vorhandene, der positiv zunehmenden Schwankung entgegengesetzte Änderung, welche an sich zu klein zu deren Aufhebung ist, infolge der verlängerten Setzung ihrer Bedingung durch Summation wachsen; oder es kann infolge Wegfalls einer Änderungsbedingung eine Schwankung positiv zunehmen, der die wegfallende Änderungsbedingung entgegengesetzt war. In diesen Fällen kann die Fixation des Abhängigkeitsverhältnisses durch Konstanterhaltung der Änderungsbedingung eine Änderung setzen, welche die formalen Bedingungen der Vitaldifferenz-Aufhebung erfüllt.

251. — 2) Es kann eine vorhandene Änderungsbedingung, welche eine Vitaldifferenz setzte oder wenigstens nicht aufhob, gegen eine andere vertauscht werden, deren abhängige Änderung der gesetzten Schwankung entgegengesetzt ist. Hier würde die Permutation des Abhängigkeitsverhältnisses durch Vertauschung der Änderungsbedingungen eine Ände

rung anreihen, welche die formalen Bedingungen der
Vitaldifferenz-Aufhebung erfüllte.

252. — 3) Wenn die Vitaldifferenz in einem mit
einer Änderungsbedingung gesetzten *Plus* oder *Minus*
oder in einem *Aliter* besteht, so wird jede T r a n s -
f o r m a t i o n, welche die Änderungsbedingung in einem
dem Plus oder Minus oder Aliter entgegengesetzten
Sinne umformt, auch eine Änderung herbeiführen
können, welche somit die Bedingungen zur Aufhebung
der Vitaldifferenz erfüllt.

B. Endosystematische Änderungen.

253. — 1. a) Sind unerhebliche positiv zunehmende Arbeitsschwankungen gesetzt, so können f u n k -
t i o n e l l e E r n ä h r u n g s ä n d e r u n g e n mit gleichem
Vorzeichen eine Änderung des Systems C nach sich
ziehen, welche die formalen Bedingungen zur negativ
zunehmenden Schwankung erfüllt.

254. — b, α) Werden durch die momentan gesetzte
Umgebung zuerst unerhebliche Vitaldifferenzen vermindert oder gesetzt, während bereits erheblichere
Vitaldifferenzen bestehen, denen die Umgebungsänderungen nur unvollkommen entsprechen; oder

β) hat ein bei einer eventuell gesetzten zweiten
Änderung inkludiertes Formelement bei einer erstgesetzten den Wert einer Änderung der gleichmäfsig
gesetzten Änderungsform, also einer Vitaldifferenz 2ter
Ordnung gehabt:

so kann durch A u s b r e i t u n g der Änderung
innerhalb des Systems C eine Änderung herbeigeführt
werden, welche die Bedingungen der Vitaldifferenz-
Aufhebung erfüllt, indem sie im Fall α eine erheblichere Vitaldifferenz wenigstens zur Aufhebung dar-

bietet, im Fall β ein Formelement bereits als ihr eigentümlich enthält, das in der vorhergehenden Änderung die Bedeutung einer Vitaldifferenz hatte.

Wir wollen das Verhalten des Systems im Fall α kurz Komomenten-Eintauschung, im Fall β Komomenten-Vertretung nennen.

255. — 2) Die auf Übung beruhenden endosystematischen Änderungen werden Systemänderungen, welche die formale Bedingung namentlich zu einer dauernden Vitaldifferenz-Aufhebung erfüllen, herbeiführen können in Fällen, wo die Vitaldifferenz selbst auf der Wiederkehr einer von der bisherigen Übungsrichtung abweichenden Änderungsbedingung beruht.

Und zwar

256. — a) wenn die Wiederkehr selbst eine relativ gleichmäfsige ist, als Ausbildung der anfänglichen Änderung zu einem neuen Komoment: positive Komomentierung der geänderten Arbeitsvermehrung (vgl. n. 202); und

257. — b) bei relativ ungleichmäfsig wiederkehrender Abweichung als, infolge ungenügender Übung eintretende, allmähliche Herabsetzung der Abweichungen zu relativ unerheblichen Vitaldifferenzen durch negative Komomentierung des bisherigen Komomentes, während zugleich andere, jederzeit mitsetzbare Änderungsformen die Funktionen der negativ komomentierten übernehmen und in dieser solcherart gesetzten Mehrübung im Sinne einer zunehmenden positiven Komomentierung weiterentwickelt werden.

258. — Zu solcher Funktionsübernahme würden sich eignen: α) etwa vorhandene, von der Umgebung überhaupt relativ unabhängige Änderungsformen, welche wir als Independenten bezeichnen wollen; oder aber β) Änderungsformen, welche von den sich in den zugehörigen Umgebungsbestandteilen wiederholenden Elementen bedingt sind.

Wir bezeichnen im folgenden das Verhalten des Systems im Fall a als Komomenten-Erwerb, im Fall b als Komomenten-Wechsel.

259. — Der angeführte Fall der Komomenten-Eintauschung dürfte, der formalen Bedingung zur Vitaldifferenz-Aufhebung nach, unter den ausgewählten Fällen dieser Bedingung dem Fall A (n. 234) entsprechen;

die Fälle ektosystematischer Vermittelung im allgemeinen dem Fall B, 1, a (n. 236);

der Fall der Komomenten-Vertretung dem Fall B, 1, b (n. 236);

der Fall des Komomenten-Erwerbs dem Fall B, 2 (n. 237);

der Fall des Komomenten-Wechsels dem Fall B, 3 (n. 238).

260. — Sofern die Finaländerung nach dem Obigen einen Wert, welcher überhaupt die positiv zunehmende Schwankung aufzuheben vermag, erst herstellt, ist sie ganz allgemein als Substitution (im engeren Sinne) zu bezeichnen; dagegen als Restitution, sofern sie das ursprüngliche Komoment speciell wiederherstellt.

Beide, Restitution wie Substitution, können ekto- oder endosystematische (d. h. solcherart bedingte) sein.

261. — Sowohl die Formen als die Setzung, wie der Medial-, so auch der angegebenen Finaländerungen sind nicht nur überhaupt denkbar, sondern speciell bereits für das System C vorausgesetzt: die Formen der negativ zunehmenden Schwankungen ergeben sich

aus der Analyse der Systemänderungsformen, und die
Setzung der sekundären Änderungen in Abhängigkeit
von der vorhergehenden positiv zunehmenden Schwankung ist eingeschlossen in der Voraussetzung der Auslösungen, für welche Auslösungen die primären Änderungen als Komplementärbedingung zu denken sind
(n. 114).

262. — Die Auslösungen sind hier vorwiegend
als Bedingung zur Vitaldifferenz-Aufhebung in Betracht
genommen worden. Es ist dies aber nicht das einzige
Verhältnis, in welchem sie zur Erhaltung des Organismus stehend vorausgesetzt werden können; und
zwar ist hier noch speciell eine andere Beziehung an-
zumerken, welche allerdings mit jener verwandt ist,
aber doch zu einer gleichwertigen Behandlung in
dem Zusammenhang unserer Untersuchungen nicht
ausreichend maßgebend erschien: das ist die Bedeutung der Auslösungen als Ableitungen der über-
mäßigen Änderungsquantitäten, so daß die ausgelösten
Bewegungen unter Umständen auch neben den Lage-
änderungen der Glieder, weiterhin des Bedingungsverhältnisses der Umgebung zum System C, zur Erhaltung des Organismus beitrügen [6]).

Zu dieser „motorischen Entladung" würden auch
die Bewegungen der Sprachorgane, also die sprachliche „Äußerung", die „Aussprache" zu rechnen sein.

VIERTES KAPITEL.

Die Denkbarkeit bestimmter Medialänderungen für bestimmte Fälle.

I.

263. — Die ausgewählten Fälle ekto-, bez. endo-systematischer Änderungen ergeben, insofern sie zugleich die formale Bedingung der Vitaldifferenz-Aufhebung erfüllend gedacht werden können, die für uns in Betracht kommenden Fälle denkbarer Medialänderungen höherer Ordnung.

Da nun aber nicht vorausgesetzt werden kann, daß von der Vielheit überhaupt denkbarer ekto-, bez. endosystematischer Änderungen gerade eine solche gesetzt werde, welche ihrerseits wieder eine der soeben ausgewählten Änderungsarten bedingt oder mit einer solchen zusammenfalle; es vielmehr auch denkbar bleibt, daß ekto-, bez. endosystematische Änderungen auftreten, welche entweder mit dem in positiv zunehmender Schwankung befindlichen Partialsysteme gar nicht in dem Verhältnis einer Änderungsbedingung stehen, oder — wenn schon — es nicht im Sinne einer entsprechenden negativ zunehmenden Schwankung ändern;

da aber ferner auch von den ausgewählten Änderungsarten selbst nicht jede beliebige als Änderungsbedingung für jedes beliebige, in positiv zunehmender Schwankung befindliche Partialsystem oder für die negativ zunehmende Schwankung desselben angenommen werden kann, während andererseits für manche Arten positiv zunehmender Schwankungen auch verschiedenartige ekto-, bez. endosystematische Änderungen als Bedingungen ihrer Aufhebung denkbar sind;

und da endlich von solchen verschiedenartigen Änderungen alle in Wegfall kommen, welche erst nach dem Auftreten einer andern verwirklicht werden könnten, mithin diejenige die übrigen in Wegfall bringt, welche als erste verwirklicht wird und die restierenden mithin an Schnelligkeit im gegebenen Zeitpunkt übertrifft —

so ergiebt sich:

264. — Soll bei einer bestimmten positiv zunehmenden Schwankung eines bestimmten centralen Partialsystems eine bestimmte Medialänderung als für den speciellen Fall denkbar oder, kurz, als speciell-denkbar bezeichnet werden, so muſs dieselbe sein

1) denkbar als Änderungsbedingung überhaupt für das bestimmte, in positiv zunehmender Schwankung befindliche Partialsystem;

2) denkbar als Bedingung im besondern für die entsprechende negativ zunehmende Schwankung;

3) denkbar als schnellste unter allen Änderungen, welche zur Zeit der Vitaldifferenz die beiden erstgenannten Bedingungen erfüllend noch angenommen werden könnten.

II.

265. — Wie in den angeführten Fällen eine Aufhebung einer bestimmten Vitaldifferenz durch eine bestimmte ekto- oder endosystematische Änderung als denkbar angenommen werden kann; so kann nun auch in andern Fällen die Aufhebung einer bestimmten Vitaldifferenz durch bestimmte ekto- oder endosystematische Änderungen und e n k b a r sein.

Folgende Fälle ergeben sich aus dem vorhergehenden Satz (n. 264):

Die Aufhebung einer bestimmten Vitaldifferenz durch eine bestimmte ekto- oder endosystematisch bedingte Änderung ist im allgemeinen undenkbar:

1) wenn die bestimmte Änderung in dem bestimmten Falle, oder überhaupt, nicht zugleich als Änderungsbedingung für das bestimmte, in positiv zunehmender Schwankung befindliche Partialsystem gedacht werden kann;

2) wenn die bestimmte Änderung zwar als Änderungsbedingung für das bestimmte, in positiv zunehmender Schwankung befindliche Partialsystem gedacht werden kann, aber die von ihr abhängige Änderung nicht zugleich die formale Bedingung der Vitaldifferenz-Aufhebung erfüllt, d. h. nicht einer der denkbaren Arten der Vitaldifferenz-Verminderung entspricht;

3) wenn die bestimmte Änderung zwar als Änderungsbedingung für das bestimmte, in positiv zunehmender Schwankung befindliche Partialsystem und auch die von ihr abhängige Änderung als einer bestimmten Art der Vitaldifferenz-Verminderung entsprechend gedacht werden kann, aber die bestimmte Änderung erst gesetzt wird, nachdem bereits die bestimmte Vitaldifferenz durch eine andere ekto- oder endosystematische Änderung aufgehoben worden ist.

266. — Im besondern kann folglich eine Finaländerung nicht vermittelt gedacht werden

1) durch eine der s c h n e l l e r e n Formen

   a) funktioneller endosystematischer Änderungen, wenn die Vitaldifferenz gröfser gedacht wird, als jede dieser Änderungen;

   b) funktioneller ektosystematischer Änderungen,

wenn die von diesen abhängigen Umgebungsänderungen so langsam verlaufend gedacht
werden, dafs sie von einer funktionellen oder
formellen endosystematischen Änderung über-
holt werden;

2) durch eine der langsameren Formen endo-
oder ektosystematischer Änderungen, wenn eine
der schnelleren Formen ihr bereits vorausgekom-
men ist.

So *selbstverständlich* die n. 264 genannten Sätze (nebst anderen) erscheinen mögen, so leicht scheinen sie aber auch bei den
theoretischen wie praktischen Anforderungen, die man an individuelle
Systemänderungen zu stellen pflegt, aufser Rechnung gelassen zu
werden.

267. — Es läfst sich der allgemeine Satz (n. 249)
jetzt präcisieren wie folgt:

Soll bei gegebener Vitaldifferenz höherer Ordnung ein System C sich vollständig behauptend
gedacht werden, so mufs es, wenn keine Art
ektosystematischer Medialänderungen eine Finaländerung zu bedingen vermochte, zu irgend
einer Art endosystematischer; wenn keine Art
schneller, zu irgend einer Art langsamer; wenn
keine Art funktioneller, zu irgend einer Art
formeller Medialänderungen übergehend gedacht
werden.

Und ebenso mufs die Medialänderung, wenn
sie nicht als von restitutiver Art angenommen
werden kann, als von substitutiver Art angenommen werden.

FÜNFTES KAPITEL.

Die Verwirklichung bestimmter Medialänderungen für bestimmte Fälle.

I.

268. — Wir suchen nun — immer unter der Voraussetzung, dafs das System C sich (innerhalb gewisser Grenzen) unter Verminderungen seines vitalen Erhaltungswertes vollständig behaupte — die Medialänderung zu bestimmen, welche als *vermittelnde* anzunehmen ist, wenn eine der besprochenen Vitaldifferenzen höherer Ordnung angenommen wird. —

Wird überhaupt eine Verminderung des vitalen Erhaltungswertes angenommen, so kann sie angenommen werden als eine unerhebliche oder erhebliche, bez. als Schwankung von Neben- oder Hauptpartialsystemen, und zwar eines Systems, welches über substituierbare Formen nicht verfügt oder verfügt, während es selbst noch in seiner Entwicklung begriffen ist oder aber in seiner Erstarrung.

269. — Sofern die Verminderung mehr als eine unerhebliche, bez. als diejenige eines Nebenpartialsystems oder eines dem Entwicklungsstillstand angenäherten Systems ohne substituierbare Formen vorausgesetzt wird; um so mehr ist auch die Aufhebung durch eine ekto- oder endosystematische Restitution anzunehmen, — sei es durch eine Änderung der Umgebung, bez. der Umgebungsbestandteile in einer Richtung, welche derjenigen Änderung entgegengesetzt ist, auf welcher die Verminderung beruht, sei es durch

instantane Akkommodation der Ernährung oder der Muskelspannung; welche erstere Akkommodationsform namentlich für den Fall denkbar bleibt, wo ein zum Stillstand gelangtes System, nachhaltigen Änderungen seiner erstarrenden Formen überhaupt unzugänglich geworden, Variationen, welche in Ansehung ihrer Bedingungen als erhebliche zu bezeichnen sein sollten, nur noch im Wert von unerheblichen zuläfst.

Werden neben unerheblichen Vitaldifferenzen gleichzeitige erhebliche angenommen, so wird das System C von der unerheblichen zur erheblichen übergehen können; und es geht dann auch der Fall selbst in denjenigen einer erheblichen über.

II.

270. — Sofern nun dagegen die angenommene Vitaldifferenz dem Begriffe einer erheblichen bereits selbst entspricht, bez. einem Hauptpartialsystem eines noch in der Entwicklung begriffenen Systems C zugehörig vorausgesetzt wird, um so weniger würde es zunächst im Sinne der gleichfalls vorausgesetzten Annäherung des Systems an das Ideal sein, würde es zu einer andern Vitaldifferenz, die zur angenommenen in keiner funktionellen Beziehung steht, übergehen (vgl. n. 254). Und sofern nun zugleich die angenommene Vitaldifferenz speciell unserm ausgewählten und zu Grunde gelegten Fall entspricht (n. 201 ff.), d. h. speciell als variiertes Komoment eines sowohl bereits in vorgeschrittener Entwicklung stehenden als noch weiter entwicklungsfähigen Systems, sie selbst aber, ihrer Entwicklung gemäfs, als erhebliche Vitaldifferenz gedacht wird, kommen für die Bildung ihrer eventuellen Vitalreihe nur die ekto- und endosystema-

tisch bedingten Änderungen in Betracht, soweit sie
eben nicht eine Restitution einfach durch
instantane Akkommodation der Ernährung
oder der Muskelspannung als Finaländerung bedingen.

271. — Mithin:

Ist ein variiertes Komoment im Sinne des ausgewählten Falles als Vitaldifferenz höherer Ordnung gesetzt, so kann die Finaländerung ihrer Vitalreihe nur
vermittelt gedacht werden

entweder:

durch Änderung, Vertauschung, Festhaltung
einzelner Umgebungsbestandteile, der ganzen
Umgebung, des räumlichen Verhältnisses zur
Umgebung;

oder:

durch Komomenten-Vertretung, Komomenten-
Erwerb, Komomenten-Wechsel.

Die erste angeführte Gruppe umfaſst ektosystematische, die zweite endosystematische Änderungsarten.

272. — Die ganze erste, ektosystematische Gruppe
kann nun aber als Vermittlung wiederum nicht angenommen, mithin die Finaländerung nicht durch sie
bestimmt werden:

1) wenn die Umgebung, bez. die Umgebungsbestandteile, welche, bez. zu welchen, ein räumliches
Verhältnis geändert, bez. festgehalten, werden
müſste, — eine solche Änderung, bez. Festhaltung
gar nicht zuläſst;

2) wenn sie eine sogeartete Änderung, bez. Festhaltung zwar zuläſst, aber das Geänderte, bez.
Festgehaltene nicht als Bedingung einer ent-

sprechenden negativ zunehmenden Schwankung
gedacht werden kann; sei es

a) dafs jede Änderung, bez. Festhaltung die positiv zunehmende Schwankung nur vermehren
würde; sei es

b) dafs die Entwicklung des in positiv zunehmender Schwankung begriffenen Partialsystems,
bez. seiner Schwankungsform, gar nicht von
irgend einem Umgebungsbestandteil überhaupt
abhängt;

3) wenn sie eine sogeartete Änderung, bez. Festhaltung zwar zuläfst, das Geänderte, bez. Festgehaltene auch als Änderungsbedingung für das
in positiv zunehmender Schwankung befindliche
Partialsystem gedacht werden kann, aber irgend
eine denkbare Art der endosystematischen Gruppe
als schneller verwirklichte gedacht werden mufs.

273. — Hieraus folgt:

1) Eine Vitaldifferenz höherer Ordnung, deren Aufhebung infolge Änderung, bez. Festhaltung eines
Umgebungsbestandteils denkbar ist, kann sowohl
vermittelst einer ekto-, als endosystematischen
Medialänderung aufgehoben werden; und es wird
die Gruppe der Änderungsarten, aus welcher
das System C seine Medialänderungen auswählt,
durch die gröfsere Schnelligkeit der vermittelnden Änderung bestimmt.

274. — 2) Eine Vitaldifferenz höherer Ordnung,
deren Aufhebung durch Änderung, bez. Festhaltung eines Umgebungsbestandteils nicht denkbar ist, weil die Entwicklung des zugehörigen
in positiv zunehmender Schwankung begriffenen
Partialsystems, bez. seiner specifischen Schwan-

kungsform, überhaupt von keinem Umgebungsbestandteil bedingt war, kann auch nicht in
einer ektosystematischen, sondern muſs vermittelst einer endosystematischen Medialänderung
aufgehoben werden. In diesen Fällen ist mithin die Gruppe durch die Entwicklungsart
der Schwankungen bestimmt.

III.

275. — Wenden wir uns nun zu der zweiten,
ᵈer endosystematischen Gruppe, so ist hervorzuheben:

Sofern zunächst die Komomenten-Vertretung
als *funktionelle* Änderung (n. 244) im allgemeinen schneller als jede Art formeller Änderung verwirklicht gedacht werden muſs (n. 245), wird die Finaländerung
auch zuerst durch diejenige Komomenten-Vertretung,
welche wieder der schnelleren Änderung entspricht,
bestimmt werden.

276. — Denkt man eine solche erstverwirklichte
Komomenten-Vertretung durch die Umgebung wieder
aufgehoben, mithin als unhaltbar, so wird das System C
(nach n. 245, vgl. 249) zu einer zweiten Komomenten-
Vertretung mit gröſserem Zeitbedarf übergehen.

Denkt man sich nun aber auch die weiteren Ver-
tretungen durch die Umgebung immer von neuem aufgehoben, so wird auch das System C zu immer neuen
und langsameren Änderungen solcher stellvertretenden
Art solange übergehen, bis —

entweder

277. — a) sofern hiermit das variierte Komoment
immer wiederkehrte, es selbst den Entwicklungs-
wert eines neuen Komomentes annimmt, mithin
zugleich selbst die Bedingung erfüllt, ein Form-

element — nämlich die ehemalige *Änderung* — als ihm eigentümlich zu inkludieren, welches in der anfänglichen Initialänderung die Bedeutung einer Vitaldifferenz hatte;

278. — oder:

b) bis die Umgebung aufgehört hat, das Komoment zu variieren, indem die Schwankungsformen, welche durch die Umgebung variiert werden, infolge ungenügender Übung unter den Wert von Komomenten sanken, also nicht mehr *Komomente* sind; während dagegen Formen sich zu Komomenten entwickelten, für welche der Umgebungsbestandteil nicht mehr Änderungsbedingung ist, sei es, weil die Komomente überhaupt von der Umgebung unabhängig — als Independenten — entwickelt wurden, sei es, weil die Komomente keine andern Formelemente inkludieren als solche, die mit jedem Umgebungsbestandteil verwirklicht werden, sofern ihre Bedingung jedem Umgebungsbestandteil, der für das betreffende Partialsystem überhaupt Änderungsbedingung ist, gemeinsam zukommt.

Fall a entspricht dem Komomenten-Erwerb (n. 256), Fall b dem Komomenten-Wechsel (n. 257).

Die positive oder negative Vermehrung der Entwicklungswerte der Schwankungen fallen unter den Begriff der positiven und negativen Komomentierung (vgl. n. 202).

IV.

279. — Es ist somit überhaupt in der Komomenten-Vertretung die Finaländerung bestimmt durch Einsatz eines dem System C bereits verfügbaren

anderen Komomentes; in dem Komomenten-Erwerb durch Anpassung des Entwicklungswertes des
Partialsystems an den Wert des variierten Komomentes;
in dem Komomenten-Wechsel durch die Entwicklung von *Schutzformen* überhaupt gegen die Variation
von Komomenten.

280. — Subsumiert man beide Fälle der Komo-
menten-Neu-, bez. -Umbildung mit denjenigen der Vertretung (vgl. n. 260) unter den Begriff der (endosystematischen) Substitution im weiteren Sinne:

so wird (in Übereinstimmung mit n. 259) in der
Komomenten-Vertretung ein (formal) nicht-variiertes
Komoment, in dem Komomenten-Erwerb ein variiertes
partialsystematisches Moment, in dem Komomenten-
Wechsel eine Kombination beider Werte den ent-
sprechenden anfänglich gesetzten Werten substituiert.

Wir wollen diese Substitutionsformen als Substi-
tutionen beziehentlich 1ter, 2ter, 3ter Ordnung von einander unterscheiden.

281. — Aus dem Gesagten und unter der Annahme, dafs sich das System C überhaupt vollständig
behaupte, folgt:

Kann die Medialänderung nicht als eine Art
der ektosystematischen Gruppe in einem gegebenen Falle bestimmt werden (n. 272), so ist
sie als Substitution (im weiteren Sinne) zu bestimmen; zunächst aber als Substitution 1ter Ordnung, sofern nicht zugleich angenommen werden
mufs, dafs sich die Reihe derselben, infolge Un-
haltbarkeit jedes ihrer Glieder, so sehr verlängert, bez. hinauszieht, dafs sich inzwischen Entwicklungswerte und -Richtungen des engagierten Systems ändern konnten. In diesem Falle

ist die Medialänderung als eine Substitution
höherer Ordnung zu bestimmen; und zwar, je-
nachdem die Wiederkehr der Abweichung zugleich als eine relativ gleichmäfsige oder un-
gleichmäfsige (n. 255 ff.) angenommen werden
mufste, als eine Substitution 2ter oder 3ter Ordnung.

V.

282. — Nachdem solcherart die Variation des Komomentes aufgehoben, ist die Finaländerung höherer
Ordnung erreicht, die eingeschaltete Vitalreihe beendet.
D. h. der Fall II tritt in den Fall I zurück
(vgl. n. 226 ff.); die Bedingung für die Aufhebung
der Vitaldifferenz 1ter Ordnung, mithin für den Abschlufs der ganzen Vitalreihe ist gewonnen.

Aber das doch nur, falls nicht eine neue Variation des Komomentes, bez. im System C die Variation eines neuen Komomentes dazwischentritt; mit der
Setzung derselben würde der rückgewonnene Fall I
wieder in den Fall II verloren gehen — und erst
eine neue Vitalreihe höherer Ordnung zu Ende geführt werden müssen, ehe das System zur Ruhe gelangt.

Im besondern ist wieder denkbar, dafs die Aufhebung einer
Vitaldifferenz höherer Ordnung des einen Partialsystems für ein
zweites gerade eine Vitaldifferenz höherer, aber auch 1ter Ordnung
setze (vgl. n. 185). Vor allem möchten sich die Bedingungen
hierzu bei der Komomenten-Vertretung leicht verwirklicht finden
(vgl. n. 259 den Fall B, 1, b).

283. — Zusatzweise werde noch bemerkt: Wie
irgend eine vorhandene Schwankungsform durch häu-
figere Vermittlung, direkt oder als Vertretung, sich zu
einer Schutzform entwickeln kann, so tritt eine solche,

nachdem sie einmal entwickelt ist, auch in die Zahl verfügbarer Komomente überhaupt ein und vermag dann, wie jedes andere Komoment auch, in einfachen Substitutionen 1ter Ordnung zu fungieren.

Und hieraus folgt zugleich, daſs ein System unter Umständen auch innerhalb der Schutzformen insofern wechseln kann, als es z. B. einer von Umgebungsbestandteilen abhängigen Art eine unabhängige substituiert; oder auch umgekehrt.

Als eine Übergangsform involviert unsere allgemeine Voraussetzung den Fall gemischter Schutzformen, wo einstweilen noch Schutzformen beider Gattungen zusammen bestehen.

FÜNFTER ABSCHNITT.

Die Endbeschaffenheiten des Systems C als Glieder der unabhängigen Vitalreihe.

ERSTES KAPITEL.

Die Annäherung der Endbeschaffenheiten.

I.

284. — Nachdem wir die Vitalreihe höherer Ordnung in ihrer Zusammensetzung und ihrem Verlauf
zu bestimmen gesucht haben, wenden wir uns der Bestimmung der Endbeschaffenheiten zu, welche
in die Vitalreihe als deren Glieder eintreten.

Läfst die Art der Vitaldifferenz mehrere Arten
Medialänderungen als denkbare zu, so entscheidet
(nach n. 273) über die verwirklichte die kürzere Zeit,
deren die denkbare zu ihrer Setzung bedarf. Sofern
nun aber jedes Glied einer Vitalreihe als aus einer
Mehrheit denkbarer Systembeschaffenheiten entnommen
und die gesamte Reihe als in der Zeit verlaufend gedacht wird, so müssen, wenn in einem beliebigen Zeitpunkt eine beliebige Komplementärbedingung K_x vorausgesetzt wird, diejenigen Systembeschaffenheiten die
Reihe successiv zusammensetzend gedacht werden, deren
Setzung die jedesmalige k l e i n e r e Z e i t bedarf.

285. — Die succedierenden Endbeschaffenheiten würden sich durch die kleinere Zeit für jedes System bestimmen lassen, bei welchem der Übergang von einer Anfangsbeschaffenheit zu mehreren, von einander unterscheidbaren Endbeschaffenheiten denkbar ist; es läfst sich aber jener allgemeine mafsgebende Begriff determinieren durch einen Artunterschied des „Systems C" von andern „Systemen", zu deren Begriff das allgemeinere Merkmal *der mehreren denkbaren Übergänge* noch gehören möchte.

Ist nämlich von einer beliebigen Anfangsbeschaffenheit aus ein Übergang zu mehreren Endbeschaffenheiten denkbar, so läfst sich bei konstantem K_x der Übergang zu derjenigen Endbeschaffenheit als der kleineren Zeit in jedem Zeitpunkt entsprechend denken, welcher der Anfangsbeschaffenheit des betreffenden Zeitpunktes am meisten angenähert gedacht wird.

286. — Das heifst:

Das System C ist bei Setzung einer Komplementärbedingung K_x von einer beliebigen Anfangsbeschaffenheit in jedem Zeitpunkt zu derjenigen Endbeschaffenheit übergehend zu denken, welche im betreffenden Zeitpunkt als die von allen denkbaren Endbeschaffenheiten meist angenäherte oder nächstliegende angenommen werden mufs.

287. — Und folglich (in Verbindung mit n. 249):

Soll eine Vitalreihe eines Systems C als vollständige gedacht werden können, so müssen die Medialänderungen solange von den (im Setzungszeitpunkt der Komplementärbedingung) nächstliegenden zu immer entfernteren Endbeschaffenheiten übergehend gedacht werden, bis sich eine Endbeschaffenheit anreiht, welche die formalen Bedingungen der Vitaldifferenz-Aufhebung erfüllt.

II.

288. — Suchen wir nun eine für unsere Zwecke geeignete und genügende Auswahl und Einteilung der Arten, in welchen ein System C einer bestimmten formellen und funktionellen Endbeschaffenheit an - genähert gedacht werden kann, so empfiehlt es sich, vom einfachsten Fall auszugehen.

1) Als solcher erscheint der Fall, dafs eine Endbeschaffenheit in dem Zeitpunkt τ_n gesetzt sei, welche bereits in dem unmittelbar vorhergehenden Zeitpunkt τ_{n-1} gesetzt war. In diesem Falle war das System C der Systembeschaffenheit des Zeitpunktes τ_n absolut angenähert und seine Änderungsgröfse in Bezug auf diese ist im Zeitpunkt τ_{n-1} gleich Null.

289. — 2) Nehmen wir dagegen den Fall, dafs die systematische Endbeschaffenheit im Zeitpunkt τ_n eine Wiederholung einer Endbeschaffenheit ist, welche in einem weiter als τ_{n-1} zurückliegenden Zeitpunkt gesetzt war und in der Zwischenzeit bereits abgenommen hatte, so wird die Änderung des Systems im Zeitpunkt τ_{n-1} in Bezug auf die im Zeitpunkt τ_n zu setzende Endbeschaffenheit um so kleiner zu denken sein, je weniger sich das System in τ_{n-1} von seiner Anfangsbeschaffenheit durch deren Abnahme entfernt gehabt hat.

War z. B. die Abnahme der Endbeschaffenheit bedingt durch entgegengesetzte Änderungen, welche als Ermüdung, Erschöpfung, Einschlafen bezeichnet zu werden pflegen, so wird die Änderung um so klei-

ner sein, je weniger Ermüdung, Erschöpfung, Einschlafen vorgeschritten sind.

290. — 3) Denkt man, allgemeiner, die Abnahme
— nach einem vielgebrauchten Ausdruck — als *Funktion der Zeit*, so wird die Änderung um so kleiner
sein, je kleiner die Zeit ist, welche nach der Setzung
der Anfangsbeschaffenheit vergangen gedacht wird.

291. — 4) Denkt man eine Endbeschaffenheit als
eine nur teilweis vorübergehende Änderung (n. 110),
so ist die Grenze ihrer Abnahme bei der Remanenz
(n. 111) erreicht zu denken; je gröfser folglich die
Remanenz gedacht wird, desto gröfser mufs auch die
restierende Annäherung, desto kleiner die noch beanspruchte Änderung bei der Wiederholung sein.

292. — Oder allgemeiner:

5) Die Annäherung wird in solchen Fällen um
so gröfser, die noch beanspruchte Änderung um so
kleiner sein, je mehr und je gröfsere Remanenzen gesetzt waren, oder m. a. W.: je gröfser die Summe zugehöriger Remanenzen ist.

293. — 6) Und endlich kann das System C sich
dadurch an eine formelle und funktionelle Endbeschaffenheit annähernd gedacht werden, dafs diese auf einer
Entwicklungslinie des Systems C liegt, welche entweder zusammenfällt mit einer allgemeinen typischen
Entwicklungsform des Systems C (z. B. der Pubertät)
oder mit solchen Formen des Wachstums und der Ausbildung, in denen eine specifische Anlage oder Übung
des Systems C zur Geltung gelangt; oder auch mit
Formen pathologischer Veränderungen des Systems
(n. 103 f.; n. 106 ff.).

294. — Die Fälle 1—5 haben gemeinsam, dafs
dieselbe Endbeschaffenheit ihrer Form nach schon ein-

mal gesetzt war; ihre Setzung ist daher als Wiederholung gedacht. Dagegen ist den sub 6 angemerkten
Fällen eigentümlich, dafs ihre Endbeschaffenheit vorher noch nicht gesetzt war und ihre Setzung
mithin — wenn der Ausdruck erlaubt ist — als ein
Hervorbrechen gedacht ist. Wir wollen diese beiden
Gattungen auch in der Benennung voneinander unterscheiden und daher die Fälle der ersteren Gattung als
r e p e t i t i v e , diejenigen der letzteren Gattung als
p r i m i g e n e Annäherungen (einer Anfangsbeschaffenheit an eine Endbeschaffenheit) bezeichnen.

295. — Es folgt hieraus, dafs jede repetitive Annäherung als ursprünglich primigene gedacht werden
mufs, da jede wiederholte Änderung, um wiederholt
werden zu können, vorher einmal zum erstenmal
gesetzt sein mufste.

III.

296. — Alle diese ausgewählten Annäherungsarten sind nicht nur ihrem eigenen Begriffe nach
denkbar, sondern auch in Bezug auf das System C,
sofern diese Annäherungsarten sich unter den *präparatorischen* Änderungen (n. 102 ff.) finden, in unserer allgemeinen Voraussetzung enthalten: die Begriffe m e i s t-
a n g e n ä h e r t und m e i s t v o r b e r e i t e t sind daher
substituierbar.

297. — Durch diese Substitution erhält man den
Satz:

> Ist eine Mehrheit von Endbeschaffenheiten des
> Systems C bei Setzung einer beliebigen Komple-
> mentärbedingung K_x als Glieder einer Vitalreihe
> denkbar, so müssen diejenigen Endbeschaffenheiten
> dieselbe zusammensetzend gedacht werden, welche

in Bezug auf K_x und in jedem Setzungszeitpunkt als die meistvorbereiteten zu denken sind.

298. — Was n. 286 über den Fortschritt von nächstliegenden zu entfernter liegenden Endbeschaffenheiten gesagt war, gilt somit ebenso für den Fortschritt von meistvorbereiteten zu mindervorbereiteten Änderungen und Endbeschaffenheiten.

299. — Hieraus folgt:

Wird ein System C unter Verminderungen seines vitalen Erhaltungswertes sich behauptend gedacht, so kann es sich nur im Sinne und im Umfange seiner Vorbereitung behauptend gedacht werden.

IV.

300. — Wird (nach n. 297) die Setzung einer Endbeschaffenheit abhängig gedacht von der relativ gröfsten Vorbereitung, so mufs die Setzung einer Endbeschaffenheit abhängig gedacht werden von denjenigen Annäherungs- oder, wie wir nun auch sagen können, Vorbereitungsarten, welche dem System zugeschrieben werden.

Läfst man nur eine Vorbereitungsart zu, so wird folglich die meistvorbereitete Endbeschaffenheit in unseren ausgewählten Fällen je nach der Vorbereitungsart von der geringsten Abnahme einer bereits gesetzten Endbeschaffenheit, bez. von der schnellsten Wiederholung abhängen; oder von der gröfsten Remanenz, und in diesem Falle wieder von der Häufigkeit oder Nachhaltigkeit der früheren Änderungen; oder vom Fortschritt der Entwicklung in dem einen Fall einer Anlage oder Übung, im

zweiten eines typischen, im dritten Falle eines pathologischen Prozesses.

301. — Denkt man dagegen mehrere oder alle
Vorbereitungsarten in einem System C konkurrierend,
so kann die Setzung einer Endbeschaffenheit von
keiner der einzelnen Arten ausschließlich, sondern
muß von der Gesamtheit derselben abhängig, d. h. als
Resultante gedacht werden.

Denkt man nun zugleich eine Vielheit von Komplementärbedingungen der verschiedenen Arten gesetzt, so ist die Systemänderung
oder die Endbeschaffenheit jedes Zeitpunktes als Resultante
höherer Ordnung, d. h. als solche zu denken, welche selbst
aus mehreren Resultanten resultiert.

V.

302. — Wie eine denkbare Endbeschaffenheit
durch Setzung präparatorischer Änderungen einer Anfangsbeschaffenheit angenähert gedacht werden kann,
so kann sie auch von einer Anfangsbeschaffenheit entfernt gedacht werden durch Setzung von Änderungen,
welche den Vorbereitungsarten entgegengesetzt sind;
also namentlich durch Rückgang, bez. Aufhören einer
physiologischen oder pathologischen, typischen oder
nicht-typischen Entwicklung, durch Verzögerung der
Repetitionszeit und durch Übungsverminderung überhaupt.

ZWEITES KAPITEL.
Die Konstitution der Endbeschaffenheiten.

I.

303. — Wenden wir uns jetzt zur allgemeinen
Analyse der Endbeschaffenheiten des Systems C ihrer

Form nach, welche in den Vitalreihen gesetzt werden, so haben wir zu achten auf ihr Verhältnis zur Umgebung als Bedingung ihrer Setzung sowohl als ihrer Setzbarkeit.

Durch den grofsen Umgebungswechsel Geburt ist das System C, unserer allgemeinen Voraussetzung nach, den mannigfaltigsten Änderungsbedingungen exponiert; nicht aber sind diese als mit einem Schlage zu wirklichen Komplementärbedingungen geworden zu denken (vgl. n. 105).

304. — Nehmen wir der Einfachheit willen an, dafs für alle Umgebungsbestandteile, als den denkbaren Komplementärbedingungen, das System C, als Inbegriff der systematischen Vorbedingungen (also der vererbte Vorbereitungswert, die Nachhaltigkeit der eintretenden Systemänderungen etc.) gleich sei, so werden diejenigen von den konkurrierenden denkbaren Komplementärbedingungen am ehesten zu wirklichen werden, welche relativ am meisten üben.

Wir können die obige Annahme — wenn man will, als Fiktion — um so leichter machen, da für eine allgemeine Erkenntnistheorie die individuellen Unterschiede zufälliger Vererbungen, Nachhaltigkeiten, Specialanlagen u. s. w. nicht notwendig in Betracht kommen.

305. — Werden nun aber von den konkurrierenden denkbaren Komplementärbedingungen diejenigen am ehesten zu wirklichen, welche relativ am meisten üben, so müssen diejenigen Umgebungsbestandteile am ehesten zu wirklichen Komplementärbedingungen werden, welche relativ am häufigsten in der Umgebung gesetzt sind.

306. — Denkt man nun wieder diese häufiger wiederkehrenden Umgebungsbestandteile mit variabler Zusammensetzung — also als variable Umgebungs-

kombinationen (gemäfs unserer empiriokritischen Voraussetzung n. 21 ff.) —, so müssen auch die erstgesetzten,
wirklichen Komplementärbedingungen wieder aus denjenigen Elementen der häufiger wiederkehrenden Umgebungskombinationen zusammengesetzt gedacht werden, welche innerhalb der Kombinationen am häufigsten wiederkehrten.

307. — Demnach:

Wird bei der Konkurrenz der Umgebungsbestandteile das System C als Inbegriff der systematischen Vorbedingungen durchweg gleichwertig
angesetzt, so sind die erstgesetzten wirklichen
Komplementärbedingungen zusammengesetzt zu
denken aus den innerhalb der wiederholt gesetzten Umgebungskombinationen am häufigsten
wiederkehrenden Bestandteilen.

308. — Dieser Satz gilt sowohl für den Fall,
dafs die Setzung einer einzelnen Umgebungskombination unter Variationen wiederholt wird, als auch für
den Fall, dafs mehrere, mit gleichen Elementen ver-
sehene Umgebungskombinationen successive gesetzt
werden.

309. — Bezeichnen wir Endbeschaffenheiten, welche
überhaupt von der Umgebung bedingt gedacht werden (im Gegensatz zu den Independenten: n. 258), als
Dependenten überhaupt; die von einer Umgebungskombination bedingten im besondern als Dependenten
niedrerer Ordnung; und die von mehreren Umgebungskombinationen bedingten als Dependenten höherer Ordnung; — so läfst sich folgern:

Sofern die Form der Änderungen und mithin der zugehörigen Endbeschaffenheiten ausschliefslich von der Übung abhängig gedacht

wird, sofern also auch die Form der von den erstgesetzten wirklichen Komplementärbedingungen bedingten Endbeschaffenheiten durch das am häufigsten Übende, d. h. Wiederkehrende, sei es einer einzelnen, sei es einer Mehrheit von Kombinationen beliebiger Umgebungsbestandteile, bedingt gedacht werden muſs — ist die Form der erstverwirklichten Dependenten beliebiger Ordnung bedingt zu denken durch das relativ Sich-Wiederholende einer mehrfach gesetzten Umgebungskombination.

II.

310. — Da nun die Endbeschaffenheitsformen zunächst so vielen Komplementärbedingungen gegenüber, als an ihrer Formung beteiligt waren, sodann aber auch allen denjenigen gegenüber, in denen sich hinreichend viel Elemente jener wiederholen, oder, kürzer ausgedrückt, welche mit jenen hinreichend verwandt sind, setzbar gedacht werden können; so folgt:

Jede ursprüngliche Endbeschaffenheitsform ist als eine relativ wiederholbare zu denken.

311. — Ist aber somit die Setzbarkeit von seiten der Endbeschaffenheitsform als eine mehrfache zu denken, so ist auch die Setzung von seiten der Umgebung in dem Maſse als eine wiederholte zu denken, als eine Wiederkehr der Bedingungsverwandtschaft — also eine Umgebungskombination bleibend oder eine Kombinationsmehrheit mit einer hinreichenden Anzahl sich-wiederholender Elemente — vorausgesetzt wird. Es erfolgt mithin aus der Mehrfachheit der Setzbarkeit, daſs auch die Wiederholung der Setzung einer Endbeschaffenheitsform gegenüber einer Vielheit von Umgebungskombinationen denkbar ist.

312. — Die Mehrheit von Umgebungskombinationen, in welcher die Setzung einer Endbeschaffenheitsform wiederholbar gedacht wird, werde als zugehöriger Kombinationskreis bezeichnet. — Dagegen werde eine Endbeschaffenheitsform, sofern sie zu mehrfacher Setzbarkeit befähigt gedacht wird, als eine Multiponible bezeichnet; und unterscheiden wir, wie Dependenten verschiedener Ordnung, so auch Multiponible verschiedener Ordnung.

313. — Sofern die mehrfache Setzbarkeit doch nicht ausschliefslich von der Umgebung, sondern auch von den gesamten Bedingungen innerhalb des Systems C selbst abhängig gedacht werden kann, können auch Endbeschaffenheitsformen, welche von der Umgebung unabhängig sind — also Independenten (vgl. n. 258) — als Multiponible gedacht werden.

DRITTES KAPITEL.
Die Veränderung der Endbeschaffenheiten.

I.

314. — Die gegebene Bestimmung der Dependenten als mehrfach setzbarer Endbeschaffenheitsformen (Multiponiblen) läfst indessen die Denkbarkeit einer eventuellen Veränderung derselben zu. Unsere allgemeine Voraussetzung umschliefst drei Fälle dieser Art:

1) Durch die veränderliche Stellung, welche das System C zu den Umgebungskombinationen oder diese untereinander einzunehmen vermögen, kann der Fall

eintreten, dafs — ohne Änderung innerhalb der bestimmten Umgebungskombination selbst — schon eine Änderung nur von dessen Umgebung, ja auch nur ein Übergang zu dieser bestimmten Umgebungskombination in einer andern als der meistgesetzten Richtung die Bedeutung einer Komplementärbedingung erhält.

2) Nachdem sich die Dependente als solche niedrerer oder höherer Ordnung entwickelt hat, erwirbt eine Änderung innerhalb der zugehörigen Umgebungskombination oder des betr. Umgebungskombinationskreises die Bedeutung einer Komplementärbedingung.

3) Eine Umgebungskombination, welche als solche überhaupt noch nicht gesetzt war, wird zur Komplementärbedingung.

315. — In Fall 1 und 2 ist eine frühere Komplementärbedingung bereits gesetzt, und was immer irgendwie noch aufserdem die Bedeutung einer Komplementärbedingung erhält, kann — sofern es überhaupt als zu ihr gehörig vorausgesetzt wird — nur als ein Zuwuchs gedacht werden, um welchen die ursprünglich gesetzte Komplementärbedingung vermehrt wird.

316. — Da nun durch die ursprüngliche Komplementärbedingung eine bestimmte Endbeschaffenheitsform gesetzt war, so wird dieselbe in Fall 1 und 2 zunächst wieder gesetzt und der Komplementärbedingungs-Zuwuchs als eine Änderung dieser ursprünglichen Endbeschaffenheitsform bedingend gedacht werden müssen.

317. — Das heifst:

Wird infolge einer geänderten Komplementär-

bedingung eine andere Endbeschaffenheitsform, als früher gesetzt war, bedingt, so
ist solche immer nur als Änderung der früheren Endbeschaffenheitsformen zu denken.

Dieser Satz gilt auch für den Specialfall, dafs ein bestimmter
Teil einer einzelnen Umgebungskombination, welcher sich nur in
den mehrfachen Setzungen derselben, aber nicht in den verwandten
Umgebungskombinationen wiederholte, eine Partialform einer ursprünglichen Endbeschaffenheit entwickelt, also eine Partialform setzte,
welche nicht von dem Sich-Wiederholenden einer Mehrheit von
Umgebungskombinationen bedingt war. — Der obige Satz gilt aber
auch für den Specialfall, dafs der Zuwuchs nicht als aus der Umgebung stammend gedacht wird, sondern aus dem System C selbst
als dem Inbegriff der systematischen Vorbedingungen.

318. — Für den restierenden Fall 3 erfolgt (gemäfs
n. 303 ff.):

Wird als Komplementärbedingung überhaupt
eine Umgebungskombination zugelassen, welche
als solche noch nicht gesetzt war, so
kann sie zunächst als wirkliche Komplementärbedingung nur gedacht werden, sofern als sie
mit irgendwelchen früheren Komplementärbedingungen verwandt ist; d. h. sofern sie zusammenfällt mit einer denkbaren Komplementärbedingung, welche bereits eine wirkliche war.

319. — Es läfst sich mithin die Verwirklichung
einer noch nicht gesetzt gewesenen Komplementärbedingung auffassen als Zerlegung der Komplementärbedingung überhaupt in zwei Komponenten: in eine
bereits von früher her zugelassene und einen eventuellen
Zuwuchs zu derselben.

Hiermit führt sich Fall 3 auf die beiden ersten
zurück, und der für jene Fälle geltend gemachte Satz
(n. 317) gilt auch für Fall 3.

320. — Hieraus folgt:

Sofern die Endbeschaffenheiten ihrer Form nach von der Übung abhängig gedacht werden, ist keine Endbeschaffenheit ihrer Form nach als eine absolut neue zu denken, sondern entweder als eine reine Wiederholung oder als Variation der Wiederholung.

Und umgekehrt würde auch jede Neuerung innerhalb der Endbeschaffenheiten nur als Variation bestehender gedacht werden können.

II.

321. — Wird mithin eine geänderte Systembeschaffenheitsform gesetzt, so ist immer zugleich die ungeänderte vorausgesetzt.

Denkt man nun bei der Setzung einer geänderten Endbeschaffenheitsform nur den Übungsvorteil in Betracht kommend, so muſs man die ungeänderte als ein Zeitteil vor der geänderten verwirklicht denken.

322. — Denkt man aber den Vorteil der Übung geringer, bez. denjenigen der aktuell gesetzten Komplementärbedingung gröſser, so kann die zeitliche Differenz auf Null verkleinert und die geänderte Endbeschaffenheit sofort gesetzt angenommen werden.

Beide Fälle schlieſsen nicht aus, daſs dann die geänderte Endbeschaffenheit wieder in die frühere ungeänderte zurückgeht.

323. — Für den Specialfall sodann, daſs die ungeänderte Endbeschaffenheit gleichbedeutend ist mit der unvariierten Form eines partialsystematischen Komomentes, würden wir im Fall n. 321 für die ersten Glieder der Vitalreihe die bereits n. 220 ausgezeichnete Zusammensetzung erhalten:

$$\Gamma_1, \ \Gamma_1 + \Delta\Gamma_1.$$

324. — Und mithin, sofern $\Gamma_1 + \Delta\Gamma_1$ zugleich die Initialänderung einer Vitalreihe höherer Ordnung

ist (vgl. n. 222), wird diese letztere selbst (nach n. 320) in ihrem Vorabschnitt als reine Wiederholung eines partialsystematischen Komomentes (Γ_1), im Initialabschnitt als Variation der Wiederholung (= Setzung des variierten Komomentes $\Gamma_1 + \varDelta\Gamma_1$) und — nach mannigfachem Wechsel von reinen Wiederholungen und Variationen im Medialabschnitt — schliefslich als Aufhebung der Variation als solcher im Finalabschnitt zu bestimmen sein.

III.

325. — Bezeichnen wir eine Endbeschaffenheitsform, welche und sofern sie für ein Individuum nicht nur mehrfach, sondern zugleich (wenigstens innerhalb gewisser weiterer Grenzen) unverändert setzbar ist, als Subkonstante; so folgt endlich:

Sofern die Vitalreihe höherer Ordnung beginnt mit der Setzung der Variation eines partialsystematischen Komomentes und endet mit der Aufhebung der Komomenten-Variation als solcher, nähert die Multiponible sich einer Endbeschaffenheit an, welche für das betreffende System C nicht mehr durch die zugehörigen Umgebungskombinationen variiert wird, also in Bezug auf letztere und für das individuelle System C (innerhalb gewisser Grenzen) unverändert setzbar ist, d. h. die Multiponible nähert sich einer Subkonstanten an.

VIERTES KAPITEL.

Rückblick auf die Bestimmung der Vitalreihe und der Schwankungen.

I.

326. — Zum Abschlufs unserer Analyse der Vitalreihe höherer Ordnung werfen wir noch einen Blick
auf ihre einzelnen Bestimmungen und deren Verhältnis
zu den allgemeinen Bestimmungen der Schwankungen
überhaupt.

Die Vitalreihe höherer Ordnung, welche wir auswählen, setzt sich in den Hauptwerten unseres n. 201
zu Grunde gelegten Falles zusammen wie folgt. Erstlich:
aus Γ_1. Hiermit ist bezeichnet eine Endbeschaffenheit
des Systems C — zunächst ihrer Form nach; welche
Endbeschaffenheit, bez. Endbeschaffenheitsform, als mit
einer gleichmäfsigen Arbeitsvermehrung zusammen-
fallend, die Bedeutung eines partialsystematischen
Komomentes erworben hat (n. 202), als Endbeschaffenheit speciell eines durch die Umgebung bedingten
partialsystematischen Komomentes wiederum ihrer Abhängigkeit nach eine Dependente (n. 309), ihrer Setzbarkeit nach eine Multiponible (n. 312) und als partialsystematisches Komoment überhaupt eine unvariierte
eingeübte Schwankung (vgl. n. 168) darstellt. Ferner:
aus der Änderung $\Delta\Gamma_1$, um welche Γ_1 positiv oder negativ vermehrt wird; wobei (gemäfs n. 206) $\Delta\Gamma_1$ auch
durch die mitgesetzte Endbeschaffenheit eines anderen
Komomentes bedingt sein kann. Wir nehmen sodann
(in Übereinstimmung mit n. 321 und 323 f.) an, dafs
die zugehörigen Änderungszeiten durch die differente

Übung so verteilt seien, dafs Γ_1 ein Zeitteil v o r $\Gamma_1 + \Delta\Gamma_1$ verwirklicht werde; und nehmen ferner (entsprechend n. 224) an, dafs eine Anzahl eingeschalteter (unhaltbarer) und selbst eventuell wieder variierter Endbeschaffenheiten mannigfaltigster Art mit der variierten Endbeschaffenheit abgewechselt habe, ehe die Finaländerung (höherer Ordnung) Γ_ω gewonnen war, welche, je nachdem sie eine Restitution oder eine Substitution im weiteren Sinne ausdrückt (gemäfs n. 280; vgl. n. 260), als Γ_ϱ oder Γ_σ zu bezeichnen wäre.

Auch Γ_1 wird übrigens nach seiner Setzung im Vorabschnitt weiterhin noch verschiedentlich mitauftreten können — ganz abgesehen vom Medialabschnitt; doch wollen wir hiervon, sowie von andern Komplikationen, welche keine principiellen Unterschiede bedingen, der Einfachheit willen absehen. Ebenso berücksichtigen wir an dieser Stelle nicht besonders die von der Umgebung unabhängig entwickelten Endbeschaffenheitsformen, da dieser Unterschied hier noch nicht in Betracht kommt.

II.

327. — Das Verhältnis der angeführten einzelnen Bestimmungen unserer ausgewählten Vitalreihe höherer Ordnung zu den allgemeinen Bestimmungen der Schwankung überhaupt (vgl. n. 162 ff.) versuche die folgende Tabelle zu veranschaulichen, in welcher wir aber einerseits die Vitalreihe erster Ordnung nur soweit berücksichtigen als genügt, um ihre Beziehung zu derjenigen höherer Ordnung anzudeuten, und andererseits die eventuell sehr grofse Mannigfaltigkeit von Werten des Medialabschnittes der Einfachheit wegen nur durch Γ_1, Non-Γ_1 vertreten lassen: selbst die Reihe Γ_1, Γ_2, Γ_3, ... Γ_n würde nicht genügen, die Medialänderungen auch nur annähernd genau auszudrücken, da die Werte Γ_1 und $\Gamma_1 + \Delta\Gamma_1$ in einer von vornherein gar nicht zu bestimmenden Weise hineinspielen können[7]).

	Initial-änderung.	Medialänderung.		Finaländerung.	
	Vorabschnitt.	Initialänderung.	Medial-änderung.	Finaländerung.	Finaländerung.
Fall I: Vitalreihe 1ter Ordnung. — Vitaldifferenz überhaupt.	1ter Ordnung.	Höherer Ordnung.	Wechsel.	1ter Ordnung.	0ter Ordnung.
Fall II: Vitalreihe höherer Ordnung. — Glieder der Reihe. (Partialsystematisches Moment II).	Γ_1	$\Gamma_1 + \Delta\Gamma_1$	Γ_1, Non-Γ_1	$\Gamma_\omega = \Gamma_\varrho$ od. $\Gamma_\omega = \Gamma_\sigma$	(Aufhebung der Schwankung überhaupt.)
Schwankungsgröße	Hinreichend zur Erheblichkeit.				—
Schwankungsform	Als Multiponibile von den sich wiederholenden Bestandteilen der Umgebung bedingt.	Herabsetzung der Multiponibilität in Bezug auf die früheren zugehörigen Umgebungskombinationen.	Wechsel.	Annäherung an eine Subkonstante.	—
Schwankungs-relevanz	Die erhebliche Schwankung gehört einem Hauptpartialsystem zu.				—
Schwankungs-richtung	Rein negativ.	Änderung der Richtung im positiven Sinne.	Wechsel.	Aufhebung der Richtungsänderung.	·
Form	Als partialsystematisches Komoment eine reine Eingeübte.	Positive Trans-exercition.	. . . .	Negative Trans-exercition.	—
Übungswert	Maximale Geübtheit.	Verringerte Geübtheit.	. . . .	Vermehrte Geübtheit.	—
Zusammen-hang.	Vermehrung der Artikulation, bez. Opposition.	Maximum der Artikulation, bez. Opposition.	. . . .	Verminderung der Artikulation, bez. Opposition.	—

Schwankungs-variation nach.

Das System C tritt erst nach Setzung der Schwankung unter die Bedingungen des Wachseins.

SECHSTER ABSCHNITT.
Die Systeme C höherer Ordnung.

ERSTES KAPITEL.
Die Setzung der Systeme C höherer Ordnung überhaupt.

I.

328. — Wir haben noch den Weg, den unsere Analyse (n. 127 f.) erschloſs, etwas weiter zu verfolgen: nachdem wir die Änderungen des Systems C nach ihrer Bedeutung für die Behauptung seiner selbst unter Verminderungen seines vitalen Erhaltungswertes im Sinne und Umfang unseres Zweckes analysiert haben, dürfte ihre Bedeutung auch für die Behauptung von Systemen höherer und höchster Ordnung, d. h. also für die Systeme C anderer Individuen hier wenigstens mit einem Blick zu streifen sein.

Schon jedes System C ist, von seinen Partialsystemen aus betrachtet, ein System höherer Ordnung, weil ein System von Partialsystemen; und selbst jedes Partialsystem wird zu einem System höherer Ordnung, wenn es als eine Verbindung zusammengesetzter Elemente betrachtet wird; und endlich auch jedes zusammengesetzte Element.

Wir haben indes mit unserer Betrachtung vom System C auszugehen.

329. — Von einem System C voraussetzen, dafs es sich unter Verminderungen seines vitalen Erhaltungswertes vollständig behaupte, hiefse also nach seinem Begriff: voraussetzen, dafs sich ein System von Systemen im allgemeinen — und im besonderen auch dann vollständig behaupte, wenn eines seiner Partialsysteme eine Verminderung seines speciellen vitalen Erhaltungswertes erlitten hat.

Von den verschiedenen Behauptungsformen des einzelnen Systems C kommt nun an dieser Stelle vorwiegend der Fall in Betracht, dafs sich die Änderung von dem in positiv zunehmender Schwankung befindlichen Partialsystem c_1 auf andere c_2, c_3, . . . fortpflanzt, bis endlich mit der Änderung eines der sekundär ergriffenen Partialsysteme zugleich die formalen Bedingungen der Vitaldifferenz-Aufhebung für c_1 erfüllt sind.

330. — Diesen hinzutretenden Änderungen kann nun wieder in Bezug auf den vitalen Erhaltungswert ihres zugehörigen Partialsystems eine entgegengesetzte Bedeutung zukommen: es wird mit ihnen entweder für das hülfeleistende Partialsystem eine neue Vitaldifferenz gesetzt, bez. vermehrt, oder aber eine solche aufgehoben, bez. vermindert.

In ersterer Hinsicht wird dann der Specialfall eintreten können, dafs durch die Behauptung eines Partialsystems das Gesamtsystem — und mit ihm jenes Partialsystem selbst — schliefslich zu Grunde geht; in der letzteren Hinsicht der Specialfall, dafs sich ein Partialsystem gerade dadurch behauptet, dafs es der

Behauptung eines oder mehrerer anderer dient. Im ersten Fall haben wir eine Form der Partial-Behauptung des Systems C, welche die Erhaltung des ganzen Systems bedroht; im zweiten Fall eine mutuale Form der System-Behauptung, auf welche wir bereits (n. 229) gestofsen sind.

II.

331. — Gehen wir von der Betrachtung des einzelnen Systems C über zu der Annahme, es seien zwei Individuen, M und T, also zwei Systeme C_M und C_T mit je einer eventuellen Vitaldifferenz δ_M und δ_T derart funktionell verbunden, dafs nicht nur M zu T und T zu M im allgemeinen, sondern auch speciell die Medialänderungen, welche der Setzung von δ_M folgen, zu T im Verhältnis von Änderungsbedingungen stehen.

So bilden M und T (nach n. 41) wieder zusammen ein *System*, in welchem eine Mannigfaltigkeit von Änderungen des Individuums T als durch die ektosystematischen Änderungen des Systems C_M bedingt gedacht werden kann.

332. — Es kann dann die Bedeutung, die T als Änderungsbedingung wieder für M hat, dadurch vermindert, bez. aufgehoben werden, dafs seitens M die Bewegungen, bez. Mitteilungen des T unterdrückt werden, oder dafs die Änderungen des Systems C_T, auf welchen die Bewegungen und Mitteilungen beruhten, modifiziert oder verhindert werden, oder dafs T selbst aus der Umgebung des M entfernt (in einem bestimmten Raum eingeschlossen oder vertrieben oder überhaupt vernichtet) wird; oder aber gerade entgegengesetzt, es kann die Bedeutung, welche T als Änderungsbedingung für M hat, fixiert und vermehrt werden: es kann T durch die ektosystematischen Änderungen des Systems C_M gerade dem M genähert oder in seiner Umgebung festgehalten, es können des T Bewegungen und Mitteilungen, bez. die sie bedingenden Änderungen des Systems C_T konserviert und vermehrt werden — es kann T selbst durch jene Medialänderungen des M erhalten werden.

III.

333. — Jede dieser denkbaren seitens M bedingten Änderungen von T setzen eine andere Form ektosystematischer Änderungen des Systems C_M als ihre Bedingung voraus: während aber von allen denkbaren ektosystematischen Änderungen des Systems C_M die jeweilen meistvorbereitete gesetzt sein würde, würde diejenige in der Weiterentwicklung den Vorbereitungsvorteil erwerben, mit deren Setzung eine solche Änderung von T bedingt war, welche die Vitaldifferenz δ_M aufzuheben vermochte. Mithin würden von allen ektosystematischen Medialänderungen des Systems C_M, welche zugleich Änderungsbedingung für T sind, sich in der Weiterentwicklung des Systems C_M diejenigen erhalten, welche T im Sinne der formalen Bedingungen der Aufhebung der Vitaldifferenz δ_M zu ändern vermögen.

334. — Von allen denkbaren derart gesetzten Verhältnissen der Aufhebung einer Vitaldifferenz δ_M durch eine Änderung von T wird sich aber auf die Dauer wieder nur ein solches erhalten können, bei welchem auch T erhalten bleibt.

335. — T selbst aber wird endlich innerhalb eines solchen Verhältnisses die günstigsten Bedin-

gungen seiner Erhaltung dann finden, wenn einerseits
dies Verhältnis nicht nur die Bedingung erfüllt, δ_M
aufzuheben, sondern auch diejenige: durch die Aufhebung von δ_M zugleich eine Vitaldifferenz des eigenen
Systems C_T, also δ_T aufzuheben; und wenn andererseits eine Vitaldifferenz δ_T auch eine Vitaldifferenz δ_M
bedingt, welche durch die Aufhebung von δ_T selbs
aufgehoben werden kann. D. h. also: wenn die Vermehrung des vitalen Erhaltungswertes von C_M sich an
die Bedingung der Vermehrung des vitalen Erhaltungswertes von C_T derart funktionell geknüpft hat, dafs
die Vermehrung des vitalen Erhaltungswertes von C_M
durch die Vermehrung desjenigen von C_T bedingt ist
und eine Verminderung des vitalen Erhaltungswertes
von C_T zugleich eine solche für C_M bedingt.

336. — Je weniger das System C_M seine Vitaldifferenzen durch Setzung solcher bei C_T aufhebt, desto
weniger erwachsen dem System C_T die eigenen Vitaldifferenzen seitens C_M, sondern aus der übrigen Umgebung, welche mit Non-C_M bezeichnet werden mag;
und je mehr die dem System C_T gesetzten Vitaldifferenzen auch dem System C_M Vitaldifferenzen setzen,
welche durch Aufhebung jener bei C_T gesetzten aufgehoben werden würden, desto mehr werden auch die
dem System C_T aus Non-C_M erwachsenden Vitaldifferenzen zu gemeinschaftlichen und können gemeinschaftliche Medialänderungen nach sich ziehen,
von denen diejenigen, welche Non-C_M oder das Verhältnis zu Non-C_M in einem entsprechend entgegengesetzten Sinne (vgl. n. 252) variieren, die gemeinschaftliche Vitaldifferenz aufzuheben vermögen würden.

337. — Da nun, was von M zu T auch von T
zu M und wie für C_M und C_T, so auch für mehr als

zwei Systeme C gilt, solche Systeme aber, deren Änderungen voneinander abhängen, wieder selbst (nach n. 41) unter den Begriff eines Systems zu befassen und mithin vom einzelnen System C aus, als System C höherer Ordnung oder ΣC zu bezeichnen sind, so folgt:

Ein Verhältnis der Vitaldifferenz-Aufhebung zwischen zwei oder mehreren Systemen C und mithin ein System C höherer Ordnung überhaupt findet um so günstigere Bedingungen seiner Erhaltung, je mehr die Vitaldifferenz-Aufhebung eine gegenseitige ist, die Vitaldifferenzen ausschließlich aus Non-ΣC erwachsen und somit die Bedeutung gemeinschaftlicher erworben haben.

338. — Dagegen werden die Bedingungen zur Erhaltung eines Systems C höherer Ordnung um so ungünstiger sein: je weniger das Verhältnis der Vitaldifferenz-Aufhebung zwischen den Einzelsystemen ein gegenseitiges, sondern ein einseitiges ist; je weniger die Vitaldifferenzen der einzelnen aus Non-ΣC, sondern gerade aus ΣC erwachsen; je weniger die außerdem aus Non-ΣC erwachsenden Vitaldifferenzen gemeinschaftliche, sondern isoliert individuelle sind.

IV.

339. — Solche Systeme höherer Ordnung, deren Teile Systeme C sind, sind überall vorauszusetzen, wo die Bewegungen, bez. Mitteilungen eines Individuums, in welchen dies seine Vitaldifferenzen der Aufhebung annähert, einem anderen Individuum Vitaldifferenzen setzen oder aufheben, so daß auch die Medialänderungen des dem zweiten zugehörigen Systems C für das dem ersten zugehörige System C zu Änderungs-

bedingungen und d. h. wiederum zur Bedingung der
Setzung oder Aufhebung von Vitaldifferenzen werden;
mithin in jeder kleineren oder gröfseren menschlichen Gesellschaft. Derartige Systeme höherer
Ordnung, deren Elemente oder Teile menschliche Individuen, bez. die Systeme C menschlicher Individuen
sind, mögen — in Ermangelung eines anderen, genügend beziehungsfreien Ausdrucks — Kongregalsysteme (verschiedener Ordnung) benannt werden.

340. — Und dem (n. 337) Gesagten entsprechend
benennen wir jede individuelle Vitaldifferenz-Aufhebung,
welche, als Änderungsbedingung für die übrigen vom
Kongregalsystem umschlossenen Einzelsysteme genommen, eine der Erhaltung des Kongregalsystems günstige
ist, als positiv kongregale, andernfalls als negativ kongregale; und Systeme C höherer Ordnung oder Kongregalsysteme mit überwiegend positiv
kongregalen Einzelbehauptungen kurz als positive,
im entgegengesetzten Fall als negative Kongregalsysteme. Das Verhältnis der Änderungsbedingung
selbst, in welchem die Einzelsysteme zu einander
stehen, sofern es unter dem Gesichtspunkt des Kongregalsystems betrachtet wird, sei gestattet, kurz als
Kongregalität zu bezeichnen.

ZWEITES KAPITEL.
Die Erhaltung der positiven Kongregalsysteme.

I.

341. — Aus dem Gesagten folgt, dafs — soweit
nur die Kongregalität (und nicht die Macht besonderer äufserer Ereignisse oder die besondere Befähigung

der Individuen oder der Rasse zur Aufhebung der
Vitaldifferenzen überhaupt) in Betracht kommt — es
folgt also:

Als die Kongregalsysteme, welche im Laufe
der Weiterentwicklung erhalten bleiben, sind
ausschliefslich die positiven Kongregalsysteme
vorauszusetzen; sei es, dafs die negativen Kongregalsysteme durch innere Selbstauflösung (infolge der innerlich gesetzten Vitaldifferenzen)
oder durch äufsere Ereignisse (infolge mangelnder
Gemeinschaftlichkeit von aufsen gesetzter Vitaldifferenzen) zu Grunde gingen, sei es, dafs
sich die negativen Kongregalsysteme in positive umbildeten.

342. — Die Bedingungen zu dieser Umbildung
sind aber in folgenden Voraussetzungen mit vorausgesetzt:

1) Die durch das Einzelsystem C_T bedingten Änderungen, welche für ein zweites Einzelsystem C_M zunächst nur die Bedeutung einer Vitaldifferenz-Aufhebung haben, erwerben, je länger sie diese Bedeutung
haben oder je mehr ihnen eine in der typischen Ent-
klung des Systems C_M gesetzte Vitaldifferenz ent-
icht, mehr und mehr die weitere Bedeutung hinzu:
C_M ein funktionell und formell bestimmtes Haupt-
tialsystem zu entwickeln (n. 115 ff.), das bei Nicht-
zung von C_T sich in einer Ernährungs- oder Arbeitsschwankung (n. 192), also (analog mit n. 203 bezeichnet)
in einer Vitaldifferenz erster Ordnung befinden würde.
Je mehr dies aber der Fall ist, desto mehr bedingen alle
Änderungen, welche eine Verminderung des vitalen Erhaltungswertes von C_T bedeuten, sofern sie zugleich
die Setzung jener — es wird unmifsverständlich sein,

sie so zu benennen — *kongregalen* Momente oder Komomente von C_M variieren, auch für dieses Einzelsystem
eine Vitaldifferenz zweiter Ordnung, zu deren Auf-
hebungsarten auch wieder die Aufhebung jener Verminderung des vitalen Erhaltungswertes von C_T und
somit die Vermehrung des vitalen Erhaltungswertes
von C_T gehört. Es bildet sich hiermit ein eventuelles
früheres einseitiges Verhältnis der Vitaldifferenz-
Aufhebung in ein definitives gegenseitiges um.

343. — 2) Je mehr sich ferner in der angegebenen Weise ein System höherer Ordnung im Sinne
positiver Kongregalität entwickelt und dadurch, dafs
die Änderungen der Einzelsysteme für einander die
Bedeutung der Aufhebung einer Vitaldifferenz erster
Ordnung erwerben, als positives Kongregalsystem be-
festigt, desto mehr werden Änderungen eines vom
Kongregalsystem umfafsten Einzelsystems, welche von
denjenigen Änderungen, auf denen das *kongregale* partialsystematische Moment oder Komoment der anderen
beruht, abweichen, auch zu Vitaldifferenzen zweiter
Ordnung für die übrigen.

II.

344. — Für die Aufhebung dieser, Vitaldifferenzen
zweiter Ordnung bedingenden, Abweichungen sind indes folgende Bedingungen unseren Voraussetzungen zu
entnehmen:

1) Für den Fall, dafs die abweichenden Änderungen einem noch hinreichend variationsfähigen Einzelsysteme zugehören:

a) die Änderungen der übrigen Systeme fungieren
als übende, und das seitens der übrigen Systeme geübte Einzelsystem variiert die Gesamtheit seiner syste-

matischen Änderungsvorbedingungen durch Anpassung
an die übenden Änderungen; oder:

b) die Änderungen der übrigen Systeme fungieren
als regulierende, und die abweichenden Änderungen
des Einzelsystems werden seitens der übrigen Systeme
dadurch im Sinne der Übereinstimmung variiert, daſs
die Gesamtheit der systematischen Änderungsvorbedingungen für die abweichenden Änderungen vermindert
oder unterdrückt werden.

345. — 2) Für den Fall, daſs die abweichenden
Änderungen einem nicht mehr hinreichend variationsfähigen Einzelsystem zugehören: die solcherart bedingten Vitaldifferenzen zweiter Ordnung werden nicht
dadurch aufgehoben, daſs die Gesamtheit der Änderungsvorbedingungen des Einzelsystems variiert wird,
sondern daſs das Abhängigkeitsverhältnis, in welchem
die übrigen Systeme zu dem abweichenden stehen,
variiert, bez. aufgehoben wird — wozu in der räumlichen Isolierung oder Entfernung, bez. in der Ver-
nichtung des betreffenden Systems die ektosystematischen Bedingungen vorausgesetzt sind.

346. — 3) Für den Fall, daſs die Abweichung
auf eine Weiterentwicklung des positiven Kongregalsystems selbst beruht, welche nur bei einem Einzelsystem früher auftritt als bei den übrigen, kann die
Abweichung auch durch die Variation der übrigen
Systeme aufgehoben werden, indem sie die abweichende
Änderungsform allmählich selbst als eigene erwerben.

347. — In allen diesen Fällen werden die Vitaldifferenzen, welche den Einzelsystemen aus dem positiven Kongregalsystem ΣC selbst erwachsen, nicht nur
aufgehoben, sondern auch die Bedingung ihrer Setzung
überhaupt ausgeschaltet und ebendamit auch die Be-

dingung für Vitaldifferenzen der einem positiven Kongregalsystem ΣC zugehörigen Einzelsysteme auf Non-ΣC beschränkt.

348. — Indem sich die Bedingungen zu Vitaldifferenzen für die von ΣC umschlossenen Systeme auf diejenigen beschränken, welche durch Non-ΣC gesetzt sind, werden endlich auch die durch Non-ΣC bedingten Vitaldifferenzen um so mehr zu gemeinschaftlichen, je mehr und zwischen je mehr Einzelsystemen das Verhältnis der Vitaldifferenz-Aufhebung ein gegenseitiges geworden ist und je mehr andererseits Non-ΣC selbst die Bedeutung einer gemeinschaftlichen Umgebung besitzt.

III.

349. — Wie für die Erhaltung, so sind die Bedingungen für das Wa c h s t u m sich erhaltender Kongregalsysteme in unserer Analyse mitvorausgesetzt; hier mögen nur zwei hervorgehoben werden:

1) das Wachstum durch den Überschuſs der Geburten über die Todesfälle, und der Einwanderung über die Auswanderung;

2) das Wachstum durch Einbeziehung eines andern Kongregalsystems oder durch Zusammentritt zweier zu einem Kongregalsystem höherer Ordnung. In beiden Fällen ergeben zwei Kongregalsysteme, die sich neutral oder negativ verhielten, sei es durch zunächst einseitige, sei es durch gegenseitige Umbildung der negativen in positive Kongregalität ein gröſseres Ganze.

IV.

350. — Wie die Vitaldifferenz der Partialsysteme eines Systems C_M aufgehoben wird durch Aufhebung

der Vitaldifferenz entsprechender Partialsysteme eines
andern Systems C_T, und wie dadurch zugleich die
Erhaltung des so bedingten Kongregalsystems (aber
auch des umfassenderen, dem jenes eventuell angehört)
geleistet wird, zeigt der Geschlechtsverkehr, wenn man
ihn rein nur von seiner physiologischen Seite in Bezug
auf das System C analysiert. Unter demselben Gesichtspunkt betrachtet zeigt dann weiter die Ausbildung der Ehe eine Entwicklung jenes Verkehrs,
bez. des durch ihn gesetzten Kongregalsystems, zu
immer höheren positiv kongregalen Werten. Über-
troffen an Allgemeinheit und Positivität ist jene Entwicklung der Kongregalität noch in dem (damit
zusammenhängenden) Fall, dafs C_M einer Mutter, C_T
ihrem Kinde zugehört. Bei einer Mehrheit von Kin-
dern können ferner deren Systeme C durch das enge
Zusammenleben wieder in das Verhältnis gegenseitiger
Vitaldifferenz-Aufhebung und der anderen positiv kongregalen Werte eintreten, wodurch dann, in Verbindung mit der Höherentwicklung des Geschlechtsver-
kehrs zur Ehe, die Familie die feste Basis positiver
Kongregalität für die Entwicklung und Erhaltung des
Stammes u. s. w. abgiebt.

V.

351. — Rückblickend würde schliefslich, übrigens
sowohl für die Partialsysteme, sofern sie Teilsysteme
des Systems C sind, bez. für C selbst, als auch für
die Systeme C_M, C_T etc., sofern sie Teilsysteme eines
Kongregalsystems ΣC sind, bez. für ΣC selbst, im
allgemeinen zu bemerken sein:

Je mehr sich ein Teilsystem durch Verminderung
des vitalen Erhaltungswertes anderer zum gleichen

Gesamtsystem gehörender behauptet, desto ungünstiger sind die Bedingungen für die Erhaltung des Gesamtsystems; und dagegen: je mehr sich die Teilsysteme im Sinne gegenseitiger Vermehrung des vitalen Erhaltungswertes behaupten, desto günstiger sind die Bedingungen für die Erhaltung des Gesamtsystems.

Und die denkbar günstigste Bedingung für die Erhaltung des Gesamtsystems würde sein, wenn kein Teilsystem sich durch Verminderung, sondern jedes durch Vermehrung des vitalen Erhaltungswertes anderer sich behauptet; so daſs als das *vollkommene Verhältnis* der Fall zu bezeichnen wäre: wenn jedes einzelne Teilsystem sich unter der denkbar gröſsten Vermehrung des vitalen Erhaltungswertes der denkbar gröſsten Anzahl anderer Teilsysteme und somit auch das Gesamtsystem selbst sich unter denkbar gröſster Vermehrung des vitalen Erhaltungswertes jedes einzelnen Teilsystems vollständig behauptete.

SIEBENTER ABSCHNITT.

Die Variation der unabhängigen Vitalreihe durch die Weiterentwicklung des Systems C.

ERSTES KAPITEL.

Die Variation der Vitalreihe als solcher.

I.

352. — Da, wie jede einzelne Änderungsform, so auch eine ganze Änderungsreihe, welche in einer beliebigen Zeit gesetzt wird, in einer früheren bereits gesetzt oder nicht gesetzt gewesen sein kann, so kann die Setzung einer Vitalreihe ebenfalls als eine erstmalige oder wiederholte und im letzteren Falle als eine unveränderte oder veränderte gedacht werden. Denn wie die Setzung und Bestimmtheit einer Vitalreihe bereits eine Entwicklung des Systems C voraussetzt, so ist auch eine Variation der Vitalreihe durch die Weiterentwicklung des Systems C vorauszusetzen. Wenn sich hierdurch die Aufgabe unserer Analyse auf alle denkbaren Variationen, sofern solche nur durch die Weiterentwicklung des Systems C bedingt sind, erweitert; so gestattet der engere Zweck unserer Untersuchung doch, uns auf einige allgemeinere und wichtigere Fälle zu beschrän-

ken, welche einerseits die Variation der Reihe als
solcher, andererseits die Variation speciell der Finaländerung betrifft: in beiden Fällen sind Reihe und
Finaländerung höherer Ordnung gemeint.

Da sich im Vorhergehenden eine absolute Nichtberücksichtigung
der Weiterentwicklung nicht wohl empfahl, so wurde schon auf einzelne Fälle der Variation der Vitalreihe durch Weiterentwicklung
des Systems C hingewiesen, wie z. B. beim Übergang von unhalt-
baren zu haltbareren Finaländerungen (vgl. n. 325) und bei der Vertauschung einer von Umgebungsbestandteilen abhängigen und einer
davon unabhängigen Art Schutzformen (vgl. n. 283); andere Fälle sind
bereits in der Voraussetzung verschiedenartiger Vorbereitungen des
Systems C eingeschlossen, wie denn z. B. eine Vitalreihe, deren
jedes Glied als Resultante beliebig vieler konkurrierender Vorbereitungsarten (vgl. n. 301) gedacht wird, bereits lediglich infolge
der Variationen der konkurrierenden Vorbereitungen bei Setzung
gleicher Komplementärbedingungen zu verschiedenen Zeiten doch
durch verschiedene Endbeschaffenheiten zusammengesetzt gedacht
werden kann.

II.

353. — Wir beginnen mit der Variation der Vitalreihe als solcher.

1) Es kann eine Endbeschaffenheit, welche eine
Finaländerung herbeiführte, zugleich den Wert einer
sehr nachhaltigen Änderung annehmen, so dafs
sich die Änderungszeit, welche zu ihrer Setzung erforderlich ist, derart verkleinert, dafs sie die Änderungszeiten von anderen Endbeschaffenheiten, welche früher
zwischen ihr und der Initialänderung eingeschaltet
waren, an Kleinheit übertrifft und folglich bei einer
nicht zu verspäteten Wiederholung näher, eventuell
unmittelbar an die Initialänderung heraufrückt. Hierdurch ist dann aber auch für den angenommenen Fall
die Reihe abgeschlossen, ehe es zur Setzung weiterer,
früher eingeschalteter Medialänderungen kommt: diese
sind mithin im vorliegenden Falle von der Vitalreihe

ausgeschlossen. Letztere selbst hat sich dementsprechend abgekürzt.

III.

354. — 2) Sieht man von besonderen Nachhaltigkeiten ebensowohl als von anderen Besonderheiten individueller typischer oder pathologischer Anlagen, bez.
deren Entwicklung, ab; und nimmt man nur die
Übung, wie sie durch die mehr oder minder häufige
Setzung von Umgebungsbestandteilen als Komplementärbedingungen vorauszusetzen ist, als Bedingung der
Vitalreihe überhaupt an; so folgt zunächst (gemäfs n.
304 f.) für die erstmalige Setzung einer Vitalreihe, dafs
die nach Setzung einer beliebigen Komplementärbedingung gesetzte Initialänderung auch rein als die
in Bezug auf die Komplementärbedingung meistgeübte Änderung des Systems, und umgekehrt, die
in Bezug auf die Komplementärbedingung meistgeübte
Änderung als die Initialänderung des Systems
zu denken ist.

Unter der gleichen Voraussetzung (des blofsen
Übungsfalles) ist dann (gemäfs n. 298) die Zusammensetzung der Vitalreihe durch den Übergang von mehr
zu minder geübten Änderungen bedingt zu denken;
wobei aber immer die letzte Endbeschaffenheit als
Anfangsbeschaffenheit zur nächstfolgenden gedacht
werden mufs.

355. — Wird nun die Setzung einer Reihe als
Wiederholung derselben gedacht, so ist jedes Glied
derselben, je häufiger wiederholt die Reihe gedacht
wird, auch um so mehr geübt, mithin der Vorbereitungswert ihrer Glieder um so gröfser und folglich
die zur Setzung jeder Endbeschaffenheit noch erforder-

liche Änderungszeit des Systems um so kleiner geworden zu denken.

356. — Folglich sind die einzelnen Endbeschaffenheiten einer Reihe um so schneller nacheinander gesetzt, die Glieder der Reihe mithin um so mehr aneinander gedrängt und die Reihe selbst um so schneller ablaufend zu denken, je öfter abgelaufen sie bereits gedacht wird.

357. — Denkt man die Zeiten noch kürzer wer-
dend, so kann das Aneinanderdrängen der einzelnen
Glieder übergehend in ein Ineinanderdrängen gedacht
werden, sofern die früher gesetzten Glieder noch gesetzt bleiben, während die späteren gesetzt werden.

358. — Ebenso aber kann eine Endbeschaffenheit
scheinbar übersprungen gedacht werden, wenn infolge
der Zeitverkürzung die Reihe über Zwischenglieder
allzuschnell zu anhaltenderen Endbeschaffenheiten fort-
eilt — die Zeit für die betreffenden Zwischenglieder
verschwindend klein wird.

359. — Es ist mithin durch die Übung die Vitalreihe dichter geworden.

IV.

360. — 3) Auch in den Fällen (vgl. n. 301), in
welchen die erstmalige Setzung einer Änderungsreihe
nicht ausschließlich durch die Übung bedingt ist, sondern jede Änderung als Resultante mehrerer konkurrierender Vorbereitungsarten gedacht wird, kann doch
die Wiederholung der Reihe als dem Übungsfall
insofern angenähert gedacht werden, als auch hier
Gleichheit und Unterschiede in der Wiederholung —
als Übungs-Vermehrungen oder -Verminde-
rungen — Änderungen in der Vitalreihe bedingen.

361. — Denkt man nämlich eine Vitalreihe, deren erstmalige Setzung Glied für Glied auf Konkurrenz mehrerer Vorbereitungsarten beruhte, doch, nachdem sie einmal gesetzt war, in ganz gleicher Weise wiederholt, so sind dieselben Variationen bedingt zu denken, wie vorher bei dem Fall einfacher Wiederholung.

362. — Denkt man aber bei den Wiederholungen (nach Bemerkung zu n. 352) verschiedene Endbeschaffenheiten sich ergebend, so können wiederum die einen häufiger als die andern resultierend gedacht werden.

Werden die einen Endbeschaffenheiten häufiger als die andern resultierend gedacht, so werden die Endbeschaffenheiten überhaupt als nach ihrer erstmaligen Setzung mehr oder minder häufig wiederholte, d. h. als nachträglich mehr oder minder geübte gedacht.

363. — Infolge der mit dieser nachträglichen gröfseren oder geringeren Übung gesetzten nachträglichen Variation ihrer ursprünglichen Vorbereitungswerte können wieder Variationen, welche denjenigen, die wir n. 353 angemerkt haben, verwandt sind, eintretend gedacht werden:

Es können Endbeschaffenheiten, welche ursprünglich entfernt von der Initialänderung angeordnet waren, sich derselben annähern; andere, welche ursprünglich ihr nahe waren, sich von ihr entfernen. Es können somit zwei Endbeschaffenheiten auch ihre Stelle miteinander vertauschen.

364. — Hierdurch können wieder Endbeschaffenheiten, mit welchen Vitaldifferenz-Aufhebung gesetzt ist, sich vor solche einordnen, mit welchen sie nicht oder noch nicht gesetzt war: und somit auch wieder Endbeschaffenheiten, welche vorher der Vitalreihe an-

gehörten, aus derselben verdrängt und somit ausgeschaltet werden.

365. — Aber ebenso kann eine Endbeschaffenheit, welche ursprünglich einer Vitalreihe nicht angehörte, durch anderweit gesetzte Übungen oder durch
eine andersartige Vorbereitung in die Vitalreihe über-
treten und somit eingeschaltet werden.

366. — Wird der Unterschied der zu den Endbeschaffenheiten zugehörigen Änderungszeiten, auf welchem die Ein-, bez. Ausschaltung von Endbeschaffenheiten beruht, gleichgeblieben gedacht, so muſs auch
die Ein- und Ausschaltung, bei Wiederholung der
Komplementärbedingung, sich wiederholend gedacht
werden.

367. — Je öfter eine Endbeschaffenheit aus einer
Vitalreihe infolge ihrer geringeren Übung ausgeschlossen
geblieben ist, desto seltener ist sie innerhalb der Reihe
wieder geübt worden, desto mehr nimmt folglich ihr
Vorbereitungswert weiter ab und ihre Änderungszeit
weiter zu; und je öfter eine Endbeschaffenheit infolge
ihrer gröſseren Übung wieder gesetzt wurde, desto
häufiger ist sie eben dadurch wieder geübt worden,
desto mehr also nimmt ihr Vorbereitungswert weiter
zu und ihre Änderungszeit weiter ab.

368. — Wie durch die Übungsverminderung somit eine Endbeschaffenheit dauernd aus einer Vital-
.reihe ausgeschaltet gedacht werden kann, so kann
durch sie des weiteren erreicht gedacht werden, daſs
jene Endbeschaffenheit auch als Anhängsel nicht
mehr gesetzt wird.

Dieser Fall äuſserster Übungsentziehung wird dann
eintreten, wenn das System C nach Beendigung der
Vitalreihe auf Endbeschaffenheiten übergeht, welche

als Glieder anderer Vitalreihen geübter sind, als jene
eliminierte.

369. — Nun ist aber auch sehr wohl denkbar,
daſs eine Endbeschaffenheit m e h r e r e n Vitalreihen
ursprünglich angehörte oder nachträglich eingefügt
wird; in diesen Fällen kann dann eine Endbeschaffenheit in Bezug auf eine Vitalreihe ein Anhängsel, in
Bezug auf eine zweite ein integrierender Bestandteil —
in Bezug auf eine Komplementärbedingung dauernd
unterdrückt, in Bezug auf eine zweite dauernd ge-
pflegt sein.

370. — Ist aber eine Endbeschaffenheit in keine
andere Vitalreihe eingeordnet oder aus jeder, wo sie
es war, wieder ausgeschaltet (s. o. n. 368), so kann
durch Übungsmangel ihr Vorbereitungswert auf ein
Minimum herabsinken — ihre formelle Bestimmtheit
sich weit zurückbilden *(verkümmern)*.

371. — Mag nun die Ausschaltung von Endbeschaffenheiten auf der Konkurrenz von Übungs-
unterschieden oder von mannigfachen Vorbereitungsarten beruhen, in jedem Falle kann die Ausschaltung
aus einer Vitalreihe immer nur Endbeschaffenheiten
treffen, welche zur Aufhebung der Vitaldifferenz entbehrlich waren — sei es, weil sie zu solcher Aufhebung überhaupt n i c h t g e e i g n e t sind, sei es,
weil andere ihnen z u v o r g e k o m m e n.

372. — Mithin:

a) Werden aus einer vollständigen Vitalreihe Endbeschaffenheiten, die ihr ursprünglich angehörten, später
ausgeschaltet, so können die ausgeschalteten nur als
solche Endbeschaffenheiten gedacht werden, mit deren
Setzung nicht (noch nicht, nicht mehr) Vitaldifferenz-

Aufhebung gesetzt war, welche also in diesem Sinne
entbehrlich waren.

b) Infolge der Ausschaltung entbehrlicher Glieder
kann eine Vitalreihe mehr und mehr auf solche Endbeschaffenheiten sich beschränkend gedacht werden,
welche zur Vitaldifferenz-Aufhebung nicht entbehrlich,
also in diesem Sinne unentbehrlich sind; und
zwar ist die Beschränkung geschehend zu denken in
der Richtung auf diejenigen Endbeschaffenheiten, mit
denen am schnellsten Aufhebung der Vitaldifferenz
gesetzt war.

c) Hierdurch ist die Vitalreihe in ihrem Medialabschnitt erfolgsgemäfser geworden.

Voraussetzung für diese Verkürzungen, Vereinfachungen, Be-
schränkungen bleibt immer, dafs die Systeme noch hinreichend ent-
wicklungsfähig und nicht bereits in der Erstarrung begriffen sind.

V.

373. — Denkt man endlich eine beliebige, ursprünglich gesetzte Reihe Medialänderungen von allen
entbehrlichen Gliedern — also von allen Gliedern,
welche nicht auch in vorzüglicherem Sinne als eigentliche Vermittlung (vgl. n. 224) fungierten — befreit und
durch deren Ausschaltung, sowie durch die Verdich-
tung auf ein Minimum der Zeitdauer beschränkt; so
würde eine solche Medialreihe, welche die äufserste
Grenze der Variation von Zahl und Anordnung ihrer
Glieder, sowie von ihrer Ablaufszeit erreicht hätte, in
Hinblick darauf, dafs sie die Aufhebung der Vitaldifferenz in der kürzesten Zeit mit den geringsten
Medialänderungen herbeigeführt hätte, als *vollkommene
Vermittelung* bezeichnet werden dürfen.

374. — Sofern nun aber in unserer allgemeinen

Voraussetzung auch — in den verschiedenen Vorbereitungsarten — die Bedingungen der angezogenen Reihenvariation enthalten sind, läfst sich folgern:

Nach Mafsgabe, als einem System C Entwicklungsfähigkeit und Zeit zur Variation der Vitalreihe zugestanden wird, nähert es seine Medialänderungen von beliebigen Anfangswerten der Zusammensetzung an die Bedeutung *vollkommener Vermittelungen* an.

ZWEITES KAPITEL.
Die Variation der Finaländerung.

I.

375. — Für den nunmehr zu betrachtenden andern Fall, der Weiterentwicklung der Finaländerung höherer Ordnung, haben wir zunächst dessen specielle Voraussetzungen hervorzuheben.

Es sei R_x ein beliebiger Umgebungsbestandteil, dem ein beliebiges System C exponiert sei. Wir nehmen an, irgend eine R_x zugehörige Beschaffenheit b_r wiederhole sich in R_x bei jeder Setzung — mag im übrigen R_x ein und derselbe oder ein gleichartiger Umgebungsbestandteil sein. b_r würde unter dieser Annahme das denkbar meist Sich-Wiederholende (Wiederkehrende) von R_x sein.

Ebenso können wir aber auch annehmen, dafs irgendeine dem System C zugehörige Beschaffenheit b_c sich in jeder Setzung von C wiederhole — also das denkbar meist Sich-Wiederholende (Wiederkehrende) des Systems C sei.

376. — Sofern überhaupt R_x Komplementärbedingung für alle (primären) Endbeschaffenheiten ist, welche

C bei Setzung von R_x setzen wird, so ist auch speciell die Beschaffenheit b_r das denkbar meist Sich-Wiederholende (Wiederkehrende) dieser Komplementärbedingung. Sofern nun aber auch das System C als Inbegriff der systematischen Vorbedingungen Mitbedingung für die bei Setzung von R_x gesetzte Endbeschaffenheit ist, ist die Beschaffenheit b_c das denkbar meist Sich-Wiederholende (Wiederkehrende) der systematischen Vorbedingungen, deren Gesamtheit C darstellt.

377. — Nun bilden C (als Inbegriff der systematischen Vorbedingungen) und R_x (als Komplementärbedingung) erst die Bedingungsgesamtheit (vgl. n. 55).

b_r und b_c machen somit auch das denkbar meist Sich-Wiederholende (Wiederkehrende) der Bedingungsgesamtheit aus.

378. — Die Endbeschaffenheitsform, welche C bei Setzung von R_x setzt, ist mithin als vom denkbar meist Sich-Wiederholenden (Wiederkehrenden) beider Klassen (des Umgebungsbestandteiles R_x und des Systems C als Inbegriff der systematischen Vorbedingungen) bedingt anzunehmen; aber es ist nicht auch sofort anzunehmen, daſs diese Endbeschaffenheitsform das vom denkbar meist Sich-Wiederholenden Bedingte sämtlich und ausschlieſslich umfasse.

379. — Nicht *sämtlich*; denn die Endbeschaffenheitsform, welche das vom denkbar meist Sich-Wiederholenden beider Klassen Bedingte sämtlich umfaſste, würde eine ganz bestimmte Systemänderung voraussetzen, für welche (nach n. 99) R_x zunächst nur als denkbare Komplementärbedingung beansprucht werden könnte. Daraus aber, daſs alle Komponenten, aus denen b_r bestehen mag, in jeder Setzung von R_x mitgesetzt sind, folgt noch nicht, daſs jede dieser Kom-

ponenten auch als wirkliche Komplementärbedingung für jene Systemänderung, bez. Endbeschaffenheitsform anzusprechen sein müſste; denn aus dem
bloſsen Gesetztsein einer Komponente läſst sich noch
nicht folgern, daſs sie auch bereits unter solchen speciellen Bedingungen gesetzt sei, welche ihr die Bedeutung einer Änderungsbedingung für ein bestimmtes
System C unter allen Umständen sichern.

380. — Nicht *ausschlieſslich;* denn da, wie über die
Setzung, so auch über die Zusammensetzung jeder Endbeschaffenheit die relativ gröſste Vorbereitung entscheiden
muſs (vgl. n. 300 ff.), so ist jede zusammengesetzte Endbeschaffenheit durch diejenigen Änderungsformen bestimmt, welche die im Zeitpunkt der Setzung am meisten
vorbereiteten sind. Es könnten also reine, vom denkbar
meist Sich-Wiederholenden bedingte Endbeschaffenheiten
nur angenommen werden, wenn keine anderen denkbaren
Änderungsformen für das System C den Wert meist vor-
bereiteter besäſsen als diejenigen, welche, in ihrem Unterschied von den anderen Änderungsformen, lediglich von
den denkbar meist sich wiederholenden Bestandteilen der
zugehörigen Umgebungskombinationen bedingt werden.

381. — Da nun aber die Abhängigkeit von den
denkbar meist sich wiederholenden Bestandteilen der
Umgebungskombination nicht auch die einzig denkbare Vorbereitungsart des Systems C ist, so sind um
so mehr Zumischungen, welche nicht vom denkbar
meist Sich-Wiederholenden beider Klassen bedingt sind,
vorauszusetzen: einerseits, je mehr andere Vorbereitungsarten in die Bestimmung der zu verwirklichenden Endbeschaffenheit miteingreifend vorausgesetzt werden, und
andererseits, je geringer die Zahl der übenden Fälle
angenommen wird.

II.

382. — Bezeichnen wir nun eine Endbeschaffenheit des Systems C, welche nicht ausschließlich durch
das vom denkbar meist Sich-Wiederholenden beider
Klassen Bedingte zusammengesetzt ist, als Idiosyndem, so ist anzunehmen, daß die durch eine eindeutig
bestimmte Umgebungskombination R_x komplementär
bedingten Endbeschaffenheiten — soweit das System C
selbst in Betracht kommt — um so mehr dem Begriff
des Idiosyndems entsprechen:

je mehr formelle Beschaffenheiten, welche den
denkbar meist sich wiederholenden nicht zugehören,
dem bestimmten System C (sei es infolge Vererbung
irgendwelcher durch Vorfahren erworbener individuelle
Eigentümlichkeiten, sei es infolge eigener vor der Geburt erfolgten Erwerbung) angeboren sind;

je jünger (d. h. je weniger durch R_x gesetzten
Änderungsbedingungen exponiert, dafür je zugänglicher
jeder Art Änderungsbedingung überhaupt) das System
C ist;

und je mehr der Gesellschaftskreis, dem das
System C zugeordnet ist (Familie, Gemeinde, Stamm,
Volk, Staat, Kirche), Änderungsformen, welche vom
denkbar meist Sich-Wiederholenden nicht bedingt
sind, überliefert erhalten hat und je nach der Innig-
keit seiner eigenen Zusammengeschlossenheit weiter
überliefert.

383. — Ist nach Maßgabe dieser Voraussetzungen die Einschaltung von Änderungsformen,
welche von dem denkbar meist Sich-Wiederholenden
nicht bedingt sind, auch in eine solche Endbeschaffenheit vorauszusetzen, welche mit einem partialsystematischen Komoment Γ zusammenfällt; so ist wiederum

die Erhaltung derselben in jener Endbeschaffenheit vorauszusetzen um so mehr, je begrenzter, bez. vermeidlicher, vorauszusetzen sind:

einerseits Fähigkeit und Zeit des Systems C zur Entwicklung in positiver Richtung (Zugehörigkeit zu einer nicht oder nicht mehr entwicklungsfähigen oder zu einer degenerierenden Rasse; individuelle Entwicklungsunfähigkeit infolge mangelnder Anlage oder eingetretenen Stillstandes, bez. eingeleiteter Entartung; Unterdrückung der Anlage durch ungünstige Lebensverhältnisse; früher Untergang etc.),

andererseits die Bedingungen der Erweiterung und Weiterentwicklung des von dem denkbar meist Sich-Wiederholenden Bedingten, und der Beschränkung und Rückentwicklung dessen, was nicht solcherart bedingt ist.

384. — Und umgekehrt wird die Ausschaltung des vom denkbar meist Sich-Wiederholenden Nicht-Bedingten aus einer Endbeschaffenheit vom Werte Γ vorauszusetzen sein — um so mehr, je minder begrenzt, bez. je minder vermeidlich dem System C Fähigkeit und Zeit zur positiven Entwicklung überhaupt und sowohl die Bedingungen der Beschränkung und Rückentwicklung der nicht vom denkbar meist Sich-Wiederholenden bedingten Änderungsformen, als auch die Bedingungen der Erweiterung und Weiterentwicklung der solcherart bedingten zugestanden werden.

III.

385. — Nun sind aber die Bedingungen für die Erweiterung und Weiterentwicklung der vom denkbar meist Sich-Wiederholenden bedingten Komponenten eines

Idiosyndems, bez. für die Beschränkung und Rückbildung der nicht solcherart bedingten, für das
System C vorausgesetzt:

A) in der Vermehrung der von einer Umgebungskombination abhängigen K o m p o n e n t e n überhaupt
durch die fortschreitende Übung; und zwar speciell

1) in der zunehmenden formellen und funktionellen Differenzierung des Systems C (vgl. n. 73 u. 118);

2) in der zunehmenden Annäherung jeder denkbaren Endbeschaffenheit an die bestehenden Anfangsbeschaffenheiten des Systems C durch die wiederholte
Setzung ihrer Bedingungen (vgl. n. 288 ff.);

B) in der Vermehrung der von den Vitalreihen
abhängigen Annäherung an m e h r u n d m e h r u n -
v e r ä n d e r l i c h setzbare Endbeschaffenheiten überhaupt; und zwar speciell:

1) in der zunehmenden positiven Komomentierung
der vom Sich-Wiederholenden abhängigen Komponenten
(vgl. n. 258 β);

2) in der zunehmenden negativen Komomentierung
der von vermeidlichen Kombinationsbestandteilen abhängigen Komomenten -Variationen (vgl. n. 257);

3) in der zunehmenden positiven Komomentierung der von unvermeidlichen Kombinationsbestandteilen abhängigen Komomenten-Variationen (vgl. n. 256).

386. — Sofern nun zunächst jede Vitalreihe die
Endbeschaffenheit Γ, welche innerhalb eines bestimmten Kombinationskreises (vgl. n. 312) entwickelt wurde,
dadurch, dafs sie die Abweichungen als Variationen
der Komomente entweder aufhebt oder unaufhebbare
Abweichungen zu neuen Komomenten (mit der ursprünglichen Variation als hinzuerworbene integrie-
rende Komponente) erhebt ($\Gamma + \varDelta \Gamma$ positiv komomentiert),

dem Werte einer Subkonstanten annähert (vgl. n. 325), tendiert die Entwicklung der, einer beliebigen Umgebungskombination in einem beliebigen Zeitpunkt zugehörigen einzelnen Subkonstanten und damit die einzelne Vitalreihe selbst zur Ausbildung und Konservierung der vom gleichmäfsiger Wiederkehrenden abhängigen Komponenten.

387. — Sofern alsdann durch Weiterübung sowohl die Vitalreihen als ihre einzelnen Glieder zu einer Beschränkung auf das Unentbehrliche tendieren; durch Erstellung von (relativ) neuen Multiponibeln mit beschränkteren Kombinationskreisen aber überall die Abweichungen auch das Entbehrlichere werden; so werden die Subkonstanten, welche das System C in Bezug auf dieselben Umgebungskombinationen im Laufe der Weiterübung entwickelt, wieder eine Reihe, also eine Subkonstanten-Reihe bilden: welche Subkonstanten-Reihe noch entschiedener als die einzelne Vitalreihe auf die Ausbildung und Konservierung der vom gleichmäfsiger Sich-Wiederholenden bedingten Komponenten tendiert.

388. — Gehen wir ferner von dem einzelnen Menschen als Individuum niedrerer Ordnung zu den menschlichen Gesellschaften als Individuen höherer Ordnung über, welche die einzelnen Individuen nicht nur überleben, sondern auch deren Errungenschaften zum Teil übernehmen und weiterführen, so erhalten wir Entwicklungsreihen höherer Dimension, als deren Glieder jene individuellen Subkonstanten-Reihen gedacht werden. Diese Subkonstanten-Reihen höherer Dimension werden um so mehr in noch verstärktem Mafse auf die Ausbildung und Konservierung der vom gleichmäfsiger Sich-Wiederholenden bedingten Komponenten

tendieren, je entwicklungsfähiger und beständiger die
Gesellschaft ist — und zugleich je umfassender sie
ist, so daſs sich die Endbeschaffenheitsunterschiede
welche nicht auf den Umgebungsunterschieden, son
dern auf Eigentümlichkeiten der Individuen niedrerer
oder niedrigster Ordnung beruhen, sich als entgegen
gesetzte Abweichungen am Ort ihres Zusammentreffens
nämlich in den einzelnen Systemen C_1, C_2, ... C_n gegenseitig mehr und mehr negativ komomentieren.

389. — Da hiernach die Vermehrung der räumlichen und zeitlichen Entwicklungsbedingungen der
Endbeschaffenheiten auch die Ausschaltung der vom
denkbar meist Sich-Wiederholenden beider Klassen
nicht-bedingten Komponenten vorauszusetzender Idiosyndeme vermehrt; so ergiebt sich, daſs die Endbeschaffenheiten vom Werte Γ, welche ein System C
bei Setzung einer eindeutig bestimmten Umgebungskombination verwirklicht, um so mehr als ausschlieſslich durch das denkbar meist Sich-Wiederholende bedingt anzunehmen sein werden: in einer je späteren
Zukunft das Individuum geboren und je mehr für die
Familie, in welche es hineingeboren wird, sich der
nächste Gesellschaftskreis zur Menschheit und die
nächste Umgebung zur Gesamtheit der Erdteile erweitert hat.

390. — Je mehr also die Bedingungen positiver
Systementwicklung der Individuen, Generationen, Völ-
ker, der Menschheit überhaupt für jedes einzelne System
über Zeit und Raum sich ausdehnend vorausgesetzt
werden, desto mehr sind auch die Endbeschaffenheiten
vom Werte Γ an das reine durch das vom denkbar
meist Sich-Wiederholende Bedingte sich annähernd
vorauszusetzen.

391. — Nehmen wir den Ausdruck „Funktion" in einem dem mathematischen angenäherten Sinne, so läfst sich das letztere Ergebnis kurz aussprechen wie folgt:

Die Annäherung der Endbeschaffenheiten vom Werte Γ an das reine durch das denkbar meist Sich-Wiederholende Bedingte ist als Funktion von Raum und Zeit vorauszusetzen.

DRITTES KAPITEL.
Die vollkommenen Konstanten des Systems C.

I.

392. — Nach dem Satz (vgl. n. 188), dafs das System C, wenn es überhaupt sich innerhalb gewisser Grenzen vollständig behauptend gedacht wird, solange sich ändern mufs, bis die Vitaldifferenz aufgehoben ist, folgte, dafs Endbeschaffenheiten, welche in die Vitalreihe höherer Ordnung vermöge ihrer Vorbereitung eingeführt werden, ohne die Vitaldifferenz höherer Ordnung aufzuheben (vgl. n. 224), auch die Vitalreihe nicht abschliefsen konnten — also in diesem Sinne (als Finaländerung) unhaltbar waren.

393. — Aus der Annahme aber, dafs in einem bestimmten Falle, wenn z. B. eine Wiederkehr der bereits mehrfach gesetzt gewesenen Umgebungskombination R_x als Bedingung der Vitalreihe höherer Ordnung gegeben war, diese solcherart gesetzte Vitalreihe für ein bestimmtes — wie wir hinzufügen wollen — in sprachlicher Gemeinschaft lebendes Individuum in einer bestimmten Zeit mit der Endbeschaffenheit Γ_ω

abschlofs; aus dieser Annahme folgt aber auch nur,
dafs in jenem Zeitpunkt für jenes Individuum dieses
Γ_ω die Vitaldifferenz höherer Ordnung aufhob.

394. — Es folgt aus dieser Annahme aber
weder, dafs Γ_ω für dasselbe Individuum zu anderen
Zeiten, noch auch, dafs Γ_ω für andere oder alle Individuen,
mit welchen das erste in sprachlicher Gemeinschaft
lebt, zu irgend einer Zeit oder gar zu allen Zeiten
den Wert einer Finalendbeschaffenheit in Bezug auf
eine durch R_x veranlafste Vitalreihe höherer Ordnung
besitzen werde; dafs also immer und überall, wenn
R_x als Bedingung einer Vitalreihe höherer Ordnung
gegeben wird, auch Γ_ω als F i n a l e n d b e s c h a f f e n -
h e i t unveränderlich setzbar, somit von der denkbar
gröfsten Setzbarkeit sei.

395. — Eine Endbeschaffenheit vom Werte Γ
nun, welche in Bezug auf eine eindeutig bestimmte
Umgebungskombination R_x für die denkbar gröfste
Zahl von Fällen der Setzung von R_x und der durch
R_x bedingten Vitalreihen (höherer Ordnung) der denkbar gröfsten Zahl durch sprachliche Mitteilung ver-
bundener Individuen für die denkbar gröfste Zeitdauer als Finalendbeschaffenheit unveränderlich setzbar, also in Bezug auf R_x von der denkbar gröfsten
Setzbarkeit gedacht wird, würde (im gleichen Sinne
wie n. 373) als eine *vollkommene Konstante* des Systems C
zu benennen sein.

II.

396. — Gesetzt, diese *vollkommene Konstante* in
Bezug auf R_x sei Γ_k; so müfste Γ_k folgende Beschaffenheit haben:

1) Da (nach n. 57) die Form jeder Endbeschaffenheit des Systems C, also der formale Wert von $C + \varDelta C$ abhängen mufs einerseits von C als Inbegriff seiner formellen und funktionellen Anfangsbeschaffenheiten, andererseits von der formellen Beschaffenheit der Änderungsbedingung, infolge von deren Setzung C um $\varDelta C$ vermehrt wird, so darf $\varGamma_k$ — sofern seine zugehörige Endbeschaffenheitsform zugleich als partialsystematisches Komoment gedacht werden mufs — keine Partialformen in sich aufgenommen haben, welche auf individuellen Systemunterschieden beruhen; und zwar

a) weder auf einem individuellen Unterschied desjenigen Systems C, welches im gegebenen Zeitpunkt um $\varDelta C$ vermehrt wird; noch auch

b) eines anderen Systems C, dessen Änderungen für das eigene System vermöge der sprachlichen Verbindung zu einer weiteren Änderungsbedingung zu werden vermöchten.

397. — Mithin:

Wenn eine Endbeschaffenheit $\varGamma_k$ als *vollkommene Konstante* für R_x gedacht werden soll, so müssen alle Formunterschiede von $\varGamma_k$, welche durch individuelle Abweichungen der Systeme $C_1, C_2, \ldots C_n$ voneinander bedingt sein könnten, als eliminiert und die Bestimmung der Form $\varGamma_k$ seitens des Systems C nur als auf die Abhängigkeit von dessen denkbar meist sich wiederholender Beschaffenheit b_c (vgl. n. 375) beschränkt angenommen werden.

398. — 2) $\varGamma_k$ darf keine Partialformen in sich befassen, welche nicht ihre formale Bedingung in jeder denkbaren Setzung von R_x finden würden; d. h.

a) immer, wenn das bestimmte R_x gesetzt ist,

müssen diejenigen R-Werte mitgesetzt sein, deren
Bedingtes die Partialformen von Γ_k sind — soweit sie überhaupt Bedingtes von R-Werten
sind;

b) und zwar müssen sie in jedem denkbaren Fall
nicht anders — nach Qualität und Quantität — gesetzt sein können, als sie in den bestimmten Fällen gesetzt sind.

399. — Mithin:

Wenn eine Endbeschaffenheit Γ_k als *vollkommene
Konstante* für R_x gedacht werden soll, so müssen alle
Formunterschiede von Γ_k, welche durch individuelle
Abweichung der Einzelfälle der R_x-Setzungen voneinander bedingt sein könnten, als eliminiert und Γ_k
als Gesamtheit nur aus solchen Partialformen zusammengesetzt sein, welche durch die Komponenten der denkbar meist sich wiederholenden Beschaffenheit b_r der
zugeordneten Einzelfälle bedingt sind.

400. — Aber auch in ihrem Bedingtsein von dem
denkbar meist Sich-Wiederholenden der zugehörigen
Umgebungskombination R_x wird eine Endbeschaffenheit Γ_k doch nur dann die denkbar größte Unveränderlichkeit ihrer Setzbarkeit zugeschrieben erhalten
können, wenn sie zugleich diesem denkbar meist Sich-
Wiederholenden auf das denkbar Vollständigste, Genaueste und Einfachste entspricht.

401. — Das Gesagte läßt sich zusammenziehen
und verallgemeinern in folgenden Satz:

Wenn eine Endbeschaffenheit vom Werte Γ
als *vollkommene Konstante* für eine eindeutig bestimmte Umgebungskombination gedacht werden
soll, so muß sie ausschließlich dem denkbar
meist Sich-Wiederholenden beider Bedingungs-

klassen, diesem aber auf das denkbar Vollständigste, Genaueste und Einfachste entsprechend
gedacht werden.

402. — Nun ist (nach n. 391) die Annäherung
der Endbeschaffenheiten vom Werte Γ an das reine
durch das denkbar meist Sich-Wiederholende Bedingte
als Funktion von Raum und Zeit vorauszusetzen; die
Bedingung aber für die denkbar gröfste Setzbarkeit
einer Endbeschaffenheit vom Werte Γ ist, dafs dieselbe
rein (ausschliefslich) vom denkbar meist Sich-Wiederholenden bedingt sei.

403. — Da nun aber die Übung — nach Mafsgabe der räumlichen und zeitlichen Zunahme der
übenden R-Werte — auch die Vervollständigung,
Präcision und (durch die Ausschaltung des Entbehrlichen) die Vereinfachung der Endbeschaffenheiten vermehrt (vgl. n. 385 ff.), so folgt:

Die Annäherung an die Bedingung für die
denkbar gröfste Setzbarkeit einer Endbeschaffenheit vom Werte Γ ist als Funktion von Raum
und Zeit vorauszusetzen.

404. — Oder (gemäfs n. 395) kürzer:

Die Annäherung der Endbeschaffenheiten vom
Werte Γ an *vollkommene Konstanten* ist als Funktion
von Raum und Zeit vorauszusetzen.

III.

405. — Wir haben in dem Resultat unserer
letzten Analyse nur eine Entwicklung desjenigen einer
früheren, nämlich wo die Wiederkehr der Setzungsbedingungen die Wiederkehr der Setzbarkeit (die Multiponi-
bilität) bedingte (vgl. n. 310 ff.). — Die denkbar gröfste
Setzbarkeit ist gleichbedeutend mit d e r d e n k b a r

gröfsten zeitlichen und räumlichen Unbegrenztheit und Unvermeidlichkeit der
Setzbarkeit einer Endbeschaffenheit vom
Werte Γ als Bedingtes: und diese ist Funktion
von Raum und Zeit, d. h. aber (nach den Ausführun-
gen von n. 388 ff.) bedingt durch die denkbar gröfste
zeitliche und räumliche Unbegrenztheit und Unvermeidlichkeit ihrer Setzungsbedingungen.

406. — Nennen wir endlich eine Vitalreihe, welche
mit einer *vollkommenen Vermittelung* (n. 373) als Medialänderung und mit einer *vollkommenen Konstanten* als
Finaländerung versehen ist, eine *vollkommene Reihe*, so
ergiebt sich als Gesamtresultat dieses Abschnitts der
Satz:

> Die Entwicklung des Systems C variiert die
> Vitalreihe im Sinne einer Annäherung an *voll-*
> *kommene Reihen.*

ACHTER ABSCHNITT.

Die Variation der unabhängigen Multiponibeln denkbar höchster Ordnung durch die Weiterentwicklung des Systems C.

ERSTES KAPITEL.

Die Annäherung der Multiponibeln denkbar höchster Ordnung an eine vollkommene Konstante.

I.

407. — Wir wenden uns nun zu dem Specialfall einer Endbeschaffenheit überhaupt, welche als komplementär Bedingtes nicht bei Setzung dieses oder jenes Umgebungsbestandteiles, sondern jedes beliebigen Umgebungsbestandteiles setzbar, also als Multiponible denkbar höchster Ordnung gedacht wird. Der Kürze wegen bezeichnen wir diese Multiponible denkbar höchster Ordnung mit dem Symbol Γ_y.

408. — Je mehr anzunehmen bleibt, dafs sich ein bestimmtes System C unter *individuellen* Verhältnissen entwickelt habe; desto mehr ist auch die Setzbarkeit der jenem System zu einer bestimmten Zeit zugehörigen Multiponibeln Γ_y in Bezug auf solche Systeme, welche unter anderen Verhältnissen der Abstammung

und des Gesellschaftskreises entwickelt wurden, als
eine begrenzte, bez. vermeidliche anzunehmen.

Soll nun die Begrenztheit und Vermeidlichkeit der Setzbarkeit historisch entwi-
ckelter individueller Multiponibeln $\Gamma_y^{(1)}$, $\Gamma_y^{(2)}$,
... $\Gamma_y^{(n)}$ vermindert werden, so mufs deren
Beschaffenheit gleichfalls derjenigen einer
unabhängigen vollkommenen Konstanten
angenähert werden.

II.

409. — Unter der Voraussetzung, dafs das denkbar meist Sich-Wiederholende sowohl der gesamten
Umgebungsbestandteile, wie der gesamten Systeme C,
solange als Menschen in sprachlicher Gemeinschaft
auf der Erde angenommen werden, gleichfalls anzunehmen sei, läfst sich auch die denkbare Annäherung
der Multiponibeln Γ_y an eine *vollkommene Konstante* für
unsere Zwecke zunächst genügend näher bestimmen,
bez. deren Bestimmung sehr vereinfachen.

Gehen wir nämlich aus von der Voraussetzung
denkbar meist sich wiederholender Beschaffenheiten in
den Systemen C und in den Umgebungsbestandteilen,
so haben wir beide Beschaffenheiten als unveränderlich
zu denken, weil ihre positive oder negative Vermehrung der Voraussetzung widersprechen würde.

410. — Da nach dieser Voraussetzung das denkbar meist Sich-Wiederholende des Systems C immer
und überall, wo C vorauszusetzen, und ebenso immer
und überall das denkbar meist Sich-Wiederholende der
Umgebungsbestandteile, sofern sie überhaupt Änderungsbedingung für C sind, auch als Änderungsbedin-

gung für C vorausgesetzt ist; so ist auch immer und überall, wo das System R (vgl. n. 42) und das System C zusammen vorausgesetzt werden, eine Änderungsform von C, welche von dem denkbar meist Sich-Wiederholenden beider Klassen bedingt und in Bezug auf die denkbar gröfste Umgebung — nämlich das System R selbst — von der denkbar gröfsten Setzbarkeit ist, vorauszusetzen.

411. — Aber auch von der denkbar gröfsten Unveränderlichkeit; weil sie die Bedingungen ihrer Setzung immer und überall absolut gleichmäfsig gegeben findet, also weder eine Vermehrung der zeitlichen oder räumlichen Änderungsbedingungen irgend welcher Art die Übungsformen vermehren könnte.

412. — Ist nun auch dieser solcherart bedingten Änderungsform des Systems C die denkbar gröfste zeitliche und räumliche Unbegrenztheit und Unvermeidlichkeit ihrer Setzbarkeit zuzuschreiben, so ist doch damit nicht sofort auch die Ausschliefslichkeit ihrer Setzung unbegrenzt und unvermeidlich vorauszusetzen; vielmehr bleibt zunächst vorauszusetzen, dafs sie (vgl. n. 378) nur eine Partialform einer zusammengesetzteren Änderungsform, welche C innerhalb der menschheitlichen Entwicklung verwirklicht, sein werde: und dafs mithin auch die ihr zugehörige Endbeschaffenheit nur eine konstante Komponente aller Multiponibeln der Art Γ_y sein, aber nicht diese Multiponible selbst allein und lediglich ausmachen werde.

413. — Das heifst: Die historisch entwickelten individuellen Multiponibeln $\Gamma_y^{(1)}$, $\Gamma_y^{(2)}$, ... $\Gamma_y^{(n)}$ sind zunächst als Idiosyndeme (vgl. n. 382) vorauszusetzen, welche die auf dem denkbar meist Sich-Wiederholenden beider Klassen beruhende Endbeschaffenheit neben an-

deren enthalten, die nicht von dem denkbar meist Sich-Wiederholenden beider Klassen bedingt sind.

III.

414. — Bezeichnen wir diese konstante Komponente jeder Multiponibeln Γ_y mit a, diejenigen Komponenten dagegen, welche als nicht vom denkbar meist Sich-Wiederholenden beider Klassen bedingte vorauszusetzen sind, mit α, und endlich diejenige Bestimmung der Multiponibeln Γ_y, welche von beider Art Komponenten abhängt, nämlich ihre Zusammensetzung selbst zu Idiosyndemen, mit y; so ist der analytische Ausdruck für die historisch entwickelte individuelle Multiponible denkbar höchster Ordnung überhaupt:

$$y = f\,(a,\ \alpha).$$

Diese Formel möchte genügen, wo es sich nur um den analytischen Ausdruck für die individuelle Multiponible denkbar höchster Ordnung überhaupt handelt. Betreffs der genaueren Formel, welche auf die specifischen Beschaffenheiten des von dem denkbar meist Sich-Wiederholenden Nicht-Bedingten und auf die entsprechenden Fälle der Bestimmung dieser Multiponibeln als Idiosyndeme Rücksicht zu nehmen hätte, vgl. Drobisch's Darstellung des „gemeinsamen Gesetzes" einer „Reihe gleichartiger Subjekte", bez. der „successiven Eigenschaften eines und desselben sich verändernden Subjekts" [8]).

415. — Da nun aber (durch unsere Voraussetzung) die Veränderlichkeit von a ausgeschlossen gedacht ist, so kann jede Annäherung der Multiponibeln Γ_y an eine *vollkommene Konstante* nur als Verminderung von α gedacht werden.

416. — Und da nun endlich die Verminderung der Begrenztheit und Vermeidlichkeit der Setzbarkeit historisch entwickelter Multiponibeln $\Gamma_y^{(1)}$, $\Gamma_y^{(2)}$, ... $\Gamma_y^{(n)}$ bedingt ist durch die Annäherung an die *vollkommene*

Konstante, diese Annäherung aber bedingt ist durch die Verminderung von α, so folgt:

Soll die Begrenztheit und Vermeidlichkeit der Setzbarkeit historisch entwickelter Multiponibeln $\Gamma_y^{(1)}$, $\Gamma_y^{(2)}$, ... $\Gamma_y^{(n)}$ vermindert werden, so mufs deren Wert α vermindert werden.

IV.

.7. — Alle denkbaren, durch die α-Werte differierenden Multiponibeln $\Gamma_y^{(1)}$, $\Gamma_y^{(2)}$, ... $\Gamma_y^{(n)}$ lassen sich nach ihren abnehmenden α-Werten in eine e r s t e Reihe geordnet denken, deren erstes Glied mithin durch den Maximalwert von α, deren letztes durch den Minimalwert von α gebildet wird.

418. — Ferner können wir alle im Laufe der menschheitlichen Entwicklung bereits historisch vorausgesetzten Multiponibeln $\Gamma_y^{(1)}$, $\Gamma_y^{(2)}$, ... $\Gamma_y^{(n)}$ als verschiedene Änderungsformen jeweilig gesetzter Werte nach ihrer zeitlichen Aufeinanderfolge in eine z w e i t e Reihe geordnet denken.

419. — Und endlich können wir eine d r i t t e Reihe denken, wenn wir aus der zweiten diejenigen Glieder, welche mit Gliedern der ersten Reihe zusammenfallen, in derselben Ordnung zusammenstellen, wie die erste Reihe sie vorschreibt.

420. — Nun kann (nach n. 415) die Annäherung an die *vollkommene Konstante* nur als Verminderung von α gedacht werden, die Verminderung von α bestimmt aber die Richtung der ersten Reihe; es kann mithin eine weitere Änderung historisch gegebener Multiponibeln von der Art Γ_y nur dann auch als Annäherung an die *vollkommene Konstante* gedacht werden,

wenn sie mit der Richtung der ersten Reihe zusammenfällt.

421. — Da nun aber die erste und dritte Reihe
zwar nicht die Zahl der Glieder, wohl aber die Richtung gemeinsam haben, so folgt:

>Jede historisch verwirklichte oder noch zu ver-
>wirklichende Änderung einer historisch voraus-
>gesetzten Multiponibeln denkbar höchster Ord-
>nung $\Gamma_y^{(x)}$, mithin jede Vermehrung der zweiten
>Reihe, welche nicht zugleich die dritte Reihe fort-
>setzt, nähert auch nicht die historisch vorausgesetzte
>Multiponible $\Gamma_y^{(x)}$ der *vollkommenen Konstante* an.

ZWEITES KAPITEL.

Anwendung auf die Vitalreihe höherer Ordnung.

I.

422. — Von allen denkbaren Fällen, welche eine
Vermehrung der Reihe historisch entwickelter Multi-
ponibeln $\Gamma_y^{(1)}$, $\Gamma_y^{(2)}$, . . . $\Gamma_y^{(n)}$ ergeben möchten, würde
für unsere Untersuchung allein derjenige in Betracht
kommen, in welchem eine (relativ) neue Multiponible
dieser Art infolge Setzung einer Vitaldifferenz höherer
Ordnung und mit der Funktion von deren Aufhebung
eingeführt wird. — Wir haben also noch die Anwendung der letztgewonnenen Sätze auf den speciellen
Fall zu machen, daſs die Multiponibeln von der Art
Γ_y beliebigen Vitalreihen angehören und an deren
Weiterentwicklung gebunden sind.

Wir können nämlich die Voraussetzung machen,
daſs die Endbeschaffenheit, welche die Initialänderung

einer Vitalreihe (höherer Ordnung) zugehört, in einem Specialfalle zugleich eine Multiponible der Art $\varGamma_y$ sei; dann die weitere Voraussetzung festhalten, dafs sich das System C unter der somit gesetzten Verminderung seines vitalen Erhaltungswertes vollständig behaupte; und endlich den Fall noch dahin bestimmen, dafs die Endbeschaffenheit, welche der Finaländerung (höherer Ordnung) zugehört, wieder die Bedeutung einer Multiponibeln der Art $\varGamma_y$ besitze.

Wir können diese Voraussetzung kurz auch so ausdrücken: es sei dem System C die Aufgabe gestellt, eine Vitalreihe (höherer Ordnung), in welche eine Multiponible der Art $\varGamma_y$ eingeführt ist, durch eine Multiponible derselben Art abzuschliefsen.

423. — Diese Aufgabe kann zunächst ganz allgemein gestellt sein, dafs das System C überhaupt nur zu einer Endbeschaffenheit gelange, welche die Vitalreihe (höherer Ordnung) abschliefse, und welche auch für das individuelle System C die Bedeutung einer Multiponibeln $\varGamma_y$ besitze, ohne dafs eine eventuelle Vermehrung oder Verminderung der Begrenztheit und Vermeidlichkeit ihrer Setzbarkeit irgendwie in Betracht käme: Aufgabe erster Ordnung.

Man kann aber auch die Aufgabe dahin verengen, dafs die der Finaländerung zugehörige Endbeschaffenheit, welche die Vitalreihe individuell abzuschliefsen vermag, zugleich eine Multiponible $\varGamma_y$ von verminderter Begrenztheit und Vermeidlichkeit ihrer Setzbarkeit überhaupt sei: Aufgabe zweiter Ordnung.

Und endlich kann man die gestellte Aufgabe solcherart zuspitzen, dafs die betreffende Endbeschaffenheit von der denkbar gröfsten Unbegrenztheit und Unvermeidlichkeit der Setzbarkeit sei: Aufgabe dritter Ordnung.

II.

424. — Da nun aber jede Vitalreihe, welche von einer historisch entwickelten Multiponibeln $\Gamma_y^{(x)}$ entspringt, eine Änderung derselben voraussetzt, so muſs — unter unseren Voraussetzungen — entweder a oder α geändert gedacht werden. Aber nicht a, da dies (nach n. 414) als unveränderlich angenommen wurde; mithin α.

425. — Hieraus folgt:

1) Die Lösung der Aufgabe erster Ordnung ist nur denkbar als Setzung einer Multiponiblen Γ_y, welche zugleich die gedachte Änderung von α überhaupt aufhebt;

2) die Lösung der Aufgabe zweiter Ordnung ist nur denkbar als Setzung einer Multiponiblen Γ_y, welche zugleich die gedachte Änderung von α durch gleichzeitige Verminderung von α überhaupt aufhebt;

3) die Lösung der Aufgabe dritter Ordnung ist nur denkbar als Setzung einer Multiponiblen Γ_y, welche zugleich die gedachte, sowie die denkbaren Änderungen überhaupt von α durch Aufhebung von α aufhebt.

426. — Zur Lösung der Aufgabe erster Ordnung sind beliebig viele und mannigfaltige Endbeschaffenheiten denkbar, da jede beliebige Änderung, welche (gemäſs n. 299) im Sinne und Umfang der Vorbereitung des Systems C ist, als Finaländerung setzbar gedacht werden kann, sofern nur die ihr zugehörige Endbeschaffenheit, ihrer Form nach, zur Zeit ihrer Setzung

den formalen Bedingungen der Vitaldifferenz-Aufhebung für das Individuum entspricht.

427. — Etwas komplizierter sind schon die Bedingungen für die Lösung der Aufgabe zweiter Ordnung, da es sich nicht nur darum handelt, eine Reduktion der Abweichung (von dem partialsystematischen Komoment) auf Null, sondern auch eine Ausschaltung von irgendwelchen α-Werten zu verwirklichen; aber auch hier bleibt dem System C noch ein weiter Spielraum individueller Denkbarkeiten.

428. — Dagegen läfst die Aufgabe dritter Ordnung nur eine Lösung zu. Die Reduktion der Abweichung (von dem partialsystematischen Komoment) auf den Wert Null mufs zusammengehen mit der Reduktion des Wertes α auf Null; es ist aber nur eine Multiponible Γ_y denkbar, deren Wert α den Wert Null besäfse: nämlich eine Multiponible Γ_y rein vom Werte a. Da nun aber eine Multiponible Γ_y rein vom Werte a, oder mit andern Worten die denkbar reinste Multiponible Γ_y die Konstante a ist, so kann mithin die Aufgabe dritter Ordnung nur gelöst werden durch die Setzung einer Finaländerung rein von der Änderungsform der Konstante a.

429. — Da nun endlich *Annäherung an die vollkommene Konstante* (nach n. 415) nur denkbar ist als *Verminderung von* α, die Verminderung von α aber ihre äufserste Grenze erreicht mit dem Minimum von α, d. h. mit einem Werte von $\alpha = 0$, und das heifst: mit der reinen Konstante a; so ist jede Annäherung an die *vollkommene Konstante* eine Annäherung an die reine Konstante a. Oder mit andern Worten:

Für den Fall, dafs die Multiponible Γ_y zugleich

als *vollkommene Konstante* gedacht werden soll, ist die reine Konstante *a* als die *vollkommene Konstante* für die Multiponible Γ_y zu denken.

III.

430. — Da wohl die Endbeschaffenheit von dem Werte *a*, nicht aber ihre isolierte Setzung anzunehmen ist, so muſs alles, was die Reduktion von α auf Null bedingt, auch die isolierte Setzung von *a* vorbereiten; d. h. die denkbare Ännäherung der Multiponiblen Γ_y an die *vollkommene Konstante a* verwirklichen.

431. — Nun sind aber die generellen Bedingungen für die Reduktion von α auf Null vollständig in der negativen Komomentierung der minder gleichmäſsig geübten Formen und die speciellen Bedingungen mithin um so mehr vorausgesetzt:

einerseits je mehr sich gegenseitig ausschlieſsende und somit negativ komomentierende α-Werte dem System C zugeführt werden;

und andererseits je mehr sich und für je mehr Specialfälle von Umgebungsbestandteilen, sofern deren Setzung Vitalreihen einleitet, auch *vollkommene Konstanten* herausbilden, welche für die eventuellen Vitalreihen besondere und besonders gut fungierende ("wirksame") Finaländerungen abgeben, so daſs die Finalfunktionen individuell bestimmter Endbeschaffenheiten überhaupt entbehrlich und mithin funktionell eliminiert werden.

Beide specielle Bedingungen für unsern Specialfall werden aber erfüllt durch die Entwicklung *vollkommener Konstanten* überhaupt (n. 404).

432. — Und das heiſst:

Je mehr sich die ursprünglich begrenzte Umge-

bung des menschlichen Individuums zur Gesamtheit
der Erdteile, die differenten menschlichen Individuen
verschiedener Ordnung zu e i n e m menschlichen Individuum denkbar höchster Ordnung, nämlich zur
Menschheit, und die Zeit positiver Entwicklung zur
denkbar gröfsten Zeit, nämlich zu der Gesamtzeit
menschlicher positiver Entwicklung überhaupt, erweitert —

um so mehr nähert die allgemeine Entwicklung
in positiver Richtung die Multiponible Γ_y der reinen
Konstante a und das menschliche Individuum, für
welches dieselbe jede Setzung von Vitalreihen, die aus
dem Idiosyndem $y = f(a, \alpha)$ ableitbar sind, überhaupt
aufhebt, der Menschheit an.

Wir bezeichnen den Inhalt von n. 432 als den
Satz der progressiven Elimination.

433. — Wenn man die Voraussetzung der Konstante a in den historisch entwickelten Multiponiblen
$\Gamma_y^{(1)}, \Gamma_y^{(2)}, \ldots \Gamma_y^{(n)}$ nicht zulassen wollte, so würde damit nur die Vereinfachung in den Bedingungen der
Annäherung an die *vollkommene Konstante* verloren gehen
— die Vereinfachung nämlich, dafs das vom denkbar
meist Sich-Wiederholenden beider Klassen Bedingte in
dem Specialfalle der Multiponiblen Γ_y schon überall
mitgesetzt sei und daher die Bedingungen seiner —
noch zu leistenden — Herstellung nicht erst zu erfüllen habe. Da aber auch diese letzteren Bedingungen in den allgemeinen Bedingungen der Annäherung an *vollkommene Konstanten* überhaupt mitenthalten
sind, so bleibt das Resultat dasselbe:

Eine Multiponible Γ_y, welche zugleich als
vollkommene Konstante gedacht werden soll, ist als
das vom denkbar meist Sich-Wiederholenden aller

Umgebungsbestandteile und aller Systeme C Bedingte zu denken und die Annäherung historisch entwickelter Multiponibeln $\Gamma_y^{(1)}$, $\Gamma_y^{(2)}$, ... $\Gamma_y^{(n)}$ an diese *vollkommene Konstante* als Funktion von Raum und Zeit vorauszusetzen.

Da die Unvermeidlichkeit dieser Entwicklung aus der Unvermeidlichkeit ihrer *inneren* Bedingungen folgt, so lassen sich alle Momente, welche die Richtung der zweiten Reihe (n. 418) von derjenigen der ersten (n. 417), oder allgemeiner: die Richtung der Weiterbildungen von der Richtung auf die *vollkommene Konstante* zeitweise ablenken, von einem höheren Gesichtspunkte aus als blofse *äufsere* Änderungsbedingungen und die Ablenkungen als blofse *Entwicklungsstörungen* bezeichnen.

---

434. — Mit der Untersuchung der Multiponibeln denkbar höchster Ordnung mag die Analyse unserer Umgebung und der Änderungen ihrer für uns wichtigsten Bestandteile, nämlich der Änderungsbedingungen von der Gattung R und der veränderlichen Systeme von der Art C, beendet sein.

Wir haben diese Analyse unternommen, um eine Antwort auf die Frage zu finden: in welchem Sinn und Umfang überhaupt Bestandteile unserer Umgebung als Voraussetzung der Erfahrung angenommen werden können (n. 40).

Da die Erfahrung, so wie sie in der gestellten Frage gedacht ist, zu den Abhängigen derjenigen Änderungen gehören würde, zu welchen bestimmte Bestandteile der Umgebung die Voraussetzung bilden (vgl. n. 1), so ergiebt für uns sich wenigstens das allgemeine Resultat, dafs, wenn überhaupt ein R-Wert als Änderungsbedingung für ein menschliches Individuum und also für C angenommen und wenn überhaupt sodann als unter den von $C + \varDelta C$ abhängigen E-Werten befindlich eine Erfahrung ausgesagt wird, jener R-Wert zu der Erfahrung in keinem anderen Bedingungsverhältnis stehen kann, als er zu $C + \varDelta C$ steht (vgl. n. 91).

435. — Das heifst:

Werden überhaupt Umgebungsbestandteile R_1, R_2, ... R_n als Voraussetzung ausgesagter Erfahrung gedacht, so können sie als solche angenommen werden nur in dem Sinne von Komplementärbedingungen für die Endbeschaffenheiten des Systems C, und zwar nur, sofern von diesen Endbeschaffenheiten zugleich aussagbare E-Werte abhängig gedacht werden können; in diesem Falle aber für die gesamten Endbeschaffenheitsbestimmungen.

ANMERKUNGEN.

1. (S. 35, n. 68.) Eine Reihe solcher und verwandter Fälle giebt W. GRIESINGER in seiner „Pathologie und Therapie der psychischen Krankheiten"[3], Braunschweig 1871, S. 88, Anm. Nur ein Fall mag hier reproduziert werden, welchen ESQUIROL berichtet hat: „Im J. 1816 war in der Salpetrière eine 38jährige Jüdin, die von Manie befallen und blind war. Nichsdestoweniger sah sie die fremdartigsten Dinge. Sie starb plötzlich; ich fand bei der Sektion die Nervi optici in ihrem ganzen Verlaufe atrophisch".

2. (S. 39, n. 78.) Die Physiologie gebraucht die Ausdrücke „sensibel", „sensuell" und „sensorisch" ohne genügende Unterscheidung; im Texte differenzieren wir die Bedeutung im Sinne unserer Aufgabe.

3. (S. 46, n. 95.) Da es sich hier um keinerlei „psychophysische" Messungen handelt, so lassen wir der Einfachheit wegen jegliche sog. „Reaktionszeit" aufser Betracht.

4. (S. 54, n. 118.) Vgl. W. WUNDT, Grundzüge der physiologischen Psychologie[3], Band I, Leipzig 1887, S. 224 f., 241 f. und namentlich 331 ff.

5. (S. 71, n. 158.) Die Voraussetzungen, welche sich in den Satz von n. 158 zusammenschliefsen, sind wissenschaftliches Gemeingut. Hier genüge zu erinnern: Nicht nur, dafs Überarbeitung die centralen Partialsysteme pathologisch verändert, dieselben gehen auch in ihrer Ernährung, d. h. in ihrer Erhaltung zurück, wenn sie aufser Thätigkeit gestellt, also in Arbeitsmangel versetzt sind — eine ganz allgemeine Beobachtung, welche sogar zur experimentellen Ermittelung des centralen Verlaufs der Nervenbahnen verwendet wird (GUDDEN'sche Methode). Dagegen ergiebt der anatomische Befund bei Manie hauptsächlich Hyperämie, also ein Zuviel an Ernährung. Und endlich hebt z. B. Verstopfung der Hirngefäfse — also ein Zuwenig der Ernährung — die Erhaltung des zugehörigen Gebietes auf.

6. (S. 121, n. 262.) Vgl. WUNDT, am oben citirten Ort,
Bd. II³, S. 408.

7. (S. 151, n. 327.) Die vorhergehenden Sätze über die Vitalreihe stellen an den Leser die vielleicht *befremdende* Forderung, die
Änderungen des Menschen, durch welche er sich innerhalb einer
nicht-idealen Umgebung (vgl. n. 133 ff. und n. 187) erhält, erst
einmal ohne Hinzuziehung der weiteren Annahme eines „Bewuſstseins"
zu denken. Es würde vielleicht meine Aufgabe sein, die u n a b h ä n g i g e
Vitalreihe selbst, welche nicht bereits in demselben Sinn und Maſs
allgemein *gekannt* ist, wie etwa die präparatorischen Änderungen, der
Einfluſs der mangelnden Arbeit oder der mangelnden Ernährung auf die
nervösen Gebilde u. a. m., durch irgend welche Fälle zu erläutern.
Aber ehe das meinerseits geschehen könnte, hätte ich den Leser darauf
aufmerksam zu machen, was eben hiermit auch von ihm selbst erwartet
werden müsse und was allein er von mir dabei erwarten dürfe.

In letzterer Hinsicht möge er vor allem nicht von mir den
Nachweis verlangen, daſs gewisse Änderungen eines Individuums
wirklich „ohne Bewuſstsein" *geschähen*. Dieser „Nachweis" ist ebenso
unmöglich wie es derjenige des Gegenteils sein würde; er ist aber
auch gänzlich unnötig: denn es kann sich nur darum handeln, wie
geschehend wir jene Änderungen *denken* k ö n n e n. Die Zurück-
haltung, die hier vom Leser erbeten wird, ist also nur eine metho-
dologische; sie kann gewährt werden völlig unbeschadet der systematischen Frage: ob *in Wahrheit* ein „Bewuſstsein" zugleich anzunehmen sei oder nicht.

Wie wir aber *gelernt* haben, den „Wunderbau" der pflanzlichen
und tierischen Organismen, ihr Werden und Wachsen, ihre Färbung,
ihre Ernährung (in dieser Hinsicht mag beiläufig noch im besonderen
daran erinnert werden, daſs der tierische Organismus sich innerhalb
gewisser Grenzen mit jedem Kostmaſs ins Gleichgewicht zu setzen
vermag und daſs bei Warmblütern das Nervensystem eine Erhöhung
des Stoffumsatzes je nach Erniedrigung der äuſsern Temperatur vermittelt [vgl. L. HERMANN, Lehrbuch der Physiologie⁸, Berlin 1886.
S. 204 ff.]) — ich sage, wie wir *gelernt* haben, die Ernährung
der Organismen, ferner ihre Heilung nach Verletzungen, ihre Genesung
nach Erkrankungen, ihre Anpassung nach Umgebungsänderungen
u. s. w. ohne „Mitwirkung" „eines G e i s t e s" überhaupt oder „d e s
Geistes" speciell denken zu *können*, so gilt es auch, die Befähigung
zu erwerben, die sog. „zweckmäſsigen" Änderungen und Änderungs-
änderungen des Systems C denken zu *können*, ohne sofort einen „Geist"
zur *Erklärung* herbeizurufen, zumal dessen „psychische Zustands-
änderungen" doch erst selbst noch zu *erklären* sein würden.

Die Forderung, die sog. „zweckmäſsigen" Bewegungen der
Glieder, die Veränderungen des Gesichtsausdrucks, das Sprechen u. s. w.
rein nur aus Änderungen eines nervösen Centralorgans erfolgend zu
denken, wird in der That nur Denjenigen zu erfüllen schwer fallen

oder auch ganz unmöglich sein, welche allzu einseitig gewöhnt sind, diese Bewegungen von einem „Geist" oder einem „Bewufstsein" geleitet zu denken. Aus diesem Grunde mögen nun zur Erläuterung der unabhängigen Vitalreihe fürs erste nur solche Änderungsreihen gewählt werden, deren Anordnung und Ablauf als o h n e Eingreifen eines „Bewufstseins" erfolgend zu denken, die Mehrzahl der Leser bereits geübt sein dürfte. Es wird dann nicht schwer fallen, die vorgeführten Verhältnisse, wenngleich sie direkt weder den Menschen überhaupt noch auch nur speciell das Gehirn betreffen, doch auf das menschliche System C zu übertragen; und es wird das umsomehr ohne Schwierigkeit geschehen können, als jenes System C absichtlich gegen das Rückenmark nicht abgegrenzt wurde. Ob die anzuführenden Änderungen desjenigen niederen Systemes nervöser Formelemente, welches als Rückenmark (bez. incl. medulla oblongata) bezeichnet wird, aber schliefslich doch mit „sensorischen Funktionen" zusammenhängen oder nicht, ist für unsern Zweck vollständig irrelevant; denn angenommen: diese Bewegungen erfolgten *mit* „Bewufstsein", so beweist das noch nicht, dafs sie *aus* „Bewufstsein" erfolgten; und angenommen selbst: sie erfolgten *aus* „Bewufstsein", so würde es, meine ich, im Sinne derjenigen Physiologen, welche an die „sensorischen Funktionen des Rückenmarks" etwa noch glauben, doch wohl sein, dafs den „Bewufstseinsänderungen", von denen die Bewegungen Enthaupteter abhängen sollen, in jedem Fall Änderungen des *materiellen Substrates* e n t s p r e c h e n : so gut aber, wie man gelegentlich auf die „Bewufstseinsänderungen" reflektieren kann unter Absehung von Änderungen des „materiellen Substrates", mufs man auch einmal auf die Änderungen dieses sog. „materiellen Substrates" reflektieren können unter Absehung von eventuellen „psychischen Begleitern".

Für diejenigen Psychologen sodann, welche zwar geübt sind, die „B e w u f s t s e i n s e r s c h e i n u n g e n" nach *mechanischen Principien* zu begreifen, aber Anstand nehmen, auch kompliziertere „zweckmäfsige" Änderungsreihen des S y s t e m s C in der gleichen Weise *begreiflich* zu finden, für diese Psychologen bemerke ich, dafs es für die „Wirksamkeit" der *mechanischen Principien* vollständig irrelevant sein mufs, ob das Veränderliche ein „nervöses Formelement" oder eine „bewufste Vorstellung" sei, da es eben gar nicht auf das Veränderliche, sondern nur auf die Veränderungen bei Anwendung der *mechanischen* Betrachtungsweise ankommen kann.

Die Änderungsreihen, welche ich hier zur Illustration vorlegen werde, sind altbekannt und allbekannt — wenigstens den Physiologen; immerhin sollen sie hier ausführlich citiert werden, damit sie gerade jetzt, wo wir ihrer bedürfen, auch wirklich zur Hand sind. Ich entlehne die Fälle, wenn anders nicht die Quelle besonders angemerkt ist, ED. PFLÜGER, der sie in seiner interessanten Monographie: „Die sensorischen Funktionen des Rückenmarks der Wirbelthiere" (Berlin 1853) gesammelt hat; seither sind die betreffenden Experi-

mente ein Gemeingut wohl aller physiologischen Vorlesungen geworden. — Über des Verfassers These, die der Titel bereits aus-
spricht, zustimmend oder ablehnend mich zu äufsern, habe ich hier
keine Veranlassung. Im übrigen sei nur bemerkt: Wer in seinem
Denken vom „Bewufstsein“ des Hirns ausgeht, kann es ebensowohl
„*willkürlich*“ finden, es nicht auch dem Rückenmark „zuzuschreiben“,
als er den Vertretern des ausschliefslichen „Hirnbewufstseins“ er-
widern kann, dafs, wenn sie „zufällig“ das „Nicht-Bewufstsein“ des
Rückenmarks zum *feststehenden* Ausgangspunkt ihres Denkens gehabt
hätten, sie nur durch einen Akt wiederum der „*Willkür*“ dazu gelangen könnten, mit einemmal dem „Hirn“ „Bewufstsein“ „unter-
zuschieben“. Denn jede — auch jede logische — Abgrenzung der mit
„Bewufstsein“ begabten Partieen des grofsen nervösen Gesamtorganes
innerhalb der Wirbelsäule und der transformierten obersten Wirbel,
des Schädels, gegen die mit „Bewufstsein“ nicht-begabten oder, in
umgekehrter Richtung, der mit „Bewufstsein“ nicht-begabten gegen
die mit „Bewufstsein“ begabten Teile wird immer mit einer gewissen
„*Willkür*“ behaftet erscheinen. —

Doch nun zu den Illustrationen selbst!

I. a) Nicht selten greift der Frosch, wenn nur die Wirbelsäule getrennt, der Kopf aber nicht ganz entfernt wurde, „nach der
Halswunde mit einem der Hinterfüfse, setzt seine Pfote gegen die
oberen Lappen der Wunde, als ob er den Kopf vollständig vom
Rumpfe losreifsen wollte“; indische Schweine sollen nach der Enthauptung „abwechselnd bald diese, bald jene Hinterpfote nach der
Halswunde hinführen, um sich daran zu reiben“; auch junge Kätzchen reiben nach der Enthauptung die Halswunde. Kneift man die
Pfote des enthaupteten Frosches, „so zieht er sie zurück; wiederholt
man es, so versteckt er die Pfote unter den Bauch und kauert sich,
als sei er in Furcht, in sich zusammen. Inkommodiert man das Tier
intensiver mit Messer und Pincette, so greift es mit seiner Pfote
dagegen, stöfst oder drückt die Gegenstände zurück und wehrt sie
überhaupt ab“ (S. 15 f., S. 26).

So machte die Rana arborea mehrmalige Versuche, das In-
strument, womit ihre Kloake irritiert wurde, mit den Hinterbeinen zu
entfernen. „Als ich einmal,“ erzählt PFLÜGER, „ein Brettchen auf
dem Rücken des Fufsgelenks eines enthaupteten Frosches mit einem
Bindfaden befestigte, um dasselbe zum Behufe eines Experimentes
unbeweglich zu machen, stiefs mir das Tier mit der andern Hinterpfote fortwährend die Finger weg, streifte den Faden ab, und als ich
endlich mit Mühe dennoch mein Vorhaben durchgesetzt hatte, gelang
es seinen unablässig wiederholten Anstrengungen dennoch, den ganzen
Apparat vom Fufse wegzustreifen.“

Enthauptete Schildkröten, in ähnlicher Weise gereizt, verstecken
sich in ihr Gehäuse.

Hatte sich der Frosch, als er mit der Pincette an einer be-

stimmten Stelle gekniffen wurde, mit Greif - und Stemmbewegungen
gewehrt, so ergiebt die Reizung derselben Hautstelle durch ein Essig-
tröpfchen eine andere Änderungsanordnung: es wird dann der Fuſs
auf die gereizte Hautstelle geführt und hin- und hergerieben.

Fr. Goltz (Beiträge zur Lehre von den Funktionen der Nerven-
centren des Frosches. Berlin 1869, S. 116) hat das Experiment
in folgender Modifikation ausgeführt: er „zerbrach einer Anzahl geköpfter Frösche beide Oberschenkel, brachte sie in die Bauchlage
und reizte bei jedem die Haut der Kreuzgegend unweit der Mittellinie durch Aufpinselung von Essigsäure. Fast alle trafen trotz
dieses störenden Eingriffs mit dem Fuſse der zerbrochenen
Gliedmaſse die geäzte Stelle". Denselben Erfolg hatte der Versuch
bei einem enthaupteten Frosch, dem der Oberschenkel in erheblichem
Maſse künstlich verkürzt worden war.

Eine geköpfte Kröte, über eine brennende Kerze gehalten,
nahm, nachdem sie sich hin- und hergewandt, die Pincette, an welcher sie bei einem Vorderfuſs gehalten wurde, zum Stützpunkt, „um
sich von der Flamme zu entfernen". Nähert man dem Schwanze
eines Aales oder eines Erdsalamanders, welche durch einen Schnitt
unterhalb der Medulla oblongata enthauptet worden sind, ein brennen-
des Hölzchen, so wird der Schwanz stets aus dem Bereich des
Feuers gezogen; sogar der Schwanz für sich oder nur ein Schwanz-
stückchen kehrt sich vom herangebrachten Feuer ab. Dasselbe Phänomen wurde an jungen, in geeigneter Weise präparierten Kätzchen
beobachtet: man sieht „auf das Allerdeutlichste und Bestimmteste,
daſs der Schwanz dem von rechts genäherten Feuer ausweicht, nach
links gebogen wird und, wenn man ihn weiter verfolgt, nach der
linken Seite des Körpers angezogen wird, wie das die Katzen gewöhnlich thun".

Streckt man beim enthaupteten Frosch den Schenkel, den er an
den Leib gezogen hält, aus, so zieht ihn das Tier fast immer wieder
an den Leib an; die enthauptete Salamandra maculata führt früher
oder später einen Fuſs in seine normale Lage zurück, aus der man
ihn gebracht hatte. „Rückt man den kurzen und normal stehenden
Hinterfuſs ein wenig zurück und zwar in der Weise, daſs das dorsum
pedis den Boden berührt, die planta nach oben sieht, so wird das
Tierchen diese Stellung nicht beibehalten, sondern den Fuſs wieder
in die gewöhnliche Lage zurückbringen". Legt man geköpfte Erd-
salamander und Aale auf den Rücken und läſst einen geeigneten
Reiz einwirken, so erheben sie sich wieder auf den Bauch; dasselbe
unter denselben Bedingungen thut sogar noch ein „Stückchen Tier,
welches aus zwei Beinen und einem Schwanze besteht". Noch mehr!
Dies Stückchen Tier sucht das Gleichgewicht zu erhalten: „man
sieht dann, wie der Tierteil seine Hinterbeinchen weit auseinander
stellt, wenn man ihn nochmals reizt, um zu sehen, ob er sich nun
auch wohl wieder vom Bauche auf den Rücken legen werde, und

wie er bei den Schmerzensbewegungen bemüht ist, das Gleichgewicht zu erhalten". (Pf., S. 15, 20 f., 23, 114 f. und 119.)

Durchschneidet man dem Männchen einer Frosch-Art (Rana temporaria), welches, in der Begattung begriffen, das Weibchen fest umschlossen hält, das Rückenmark zwischen dem Atlas und dem zweiten Wirbel durch, so läfst er deshalb das Weibchen nicht los; versucht man nun dasselbe sanft aus seinen Armen zu ziehen, „so umfafst er sie nur noch fester und prefst seine Arme unter den ihrigen tief in ihre Brust ein. Wird nun etwas Essigsäure auf einen seiner Arme getupft, so läfst er mit diesem Arme los, während der andere das Weibchen hält und putzt mit dem Hinterfufse derselben Seite die ätzende Substanz ab. Hierauf aber umfafst er wiederum sein Weibchen wie früher mit beiden Armen". (Pf., S. 17.)

b) Hat man den Erdsalamandern die medulla oblongata gelassen, so stehen sie, auf den Rücken gelegt, von selbst wieder auf; Frösche, welche nur noch das Kleinhirn, das verlängerte Mark und das Rückenmark besitzen, drehen sich im selben Fall ebenso in die Bauchlage alsbald zurück und thun dies selbst unter erschwerenden Umständen, wie z. B. wenn eine hintere Gliedmafse an den Rumpf festgenäht wurde. (Pflüger, a. a. O. S. 22, Goltz, a. a. O. S. 74 f.)

W. Wundt erwähnt bei Gelegenheit seines Berichtes (a. a. O. Bd. II, S. 495) über die Bewegungen teilweis enthirnter Tiere, dafs Vögel, deren Hirnlappen entfernt wurden, sich auch dann und wann — scheinbar spontan — die Federn putzten, und fügt hinzu: „Es ist aber kaum zu zweifeln, dafs solche Bewegungen in jenen Hautreizen ihren Grund haben, die auch bei dem unverstümmelten Tier die gleichen Bewegungen herbeiführen".

Besonders frappant für Jeden, der ihn zum ersten Male sieht, ist der folgende Versuch, den gleichfalls Goltz zuerst ausgeführt hat (vgl. a. a. O. S. 71 f.): der des Grofshirns beraubte Frosch wird auf ein Brett oder, einfach, auf die flache Hand gesetzt und diese Unterlage dann so weit geneigt, dafs das Tier in Gefahr gerät, herabzugleiten. Der Frosch „bückt dann zunächst den Kopf ganz nach vorn über und nähert dadurch den Schwerpunkt seines Körpers der Unterstützungsfläche". Bei weiterer Drehung kriecht das Tier die schiefe Ebene hinan, kommt dann auf die Kante des Brettes oder der Hand zu sitzen und schliefslich, wenn das Brett oder die Hand so weit gedreht sind, dafs diejenige Fläche, welche ursprünglich nach oben gewandt war, jetzt nach unten gekehrt ist, befindet er sich auf der ehemals unteren, jetzt oberen Seite, bez. auf dem Handrücken.

Der grofshirnlose Frosch hält also „mit grofsem Geschick selbst in mifslicher Lage" das Gleichgewicht fest; und er braucht „zur Ausführung der eben geschilderten Balancierkünste" nicht einmal das Sehvermögen, wohl aber bedürfen „die in den Vierhügeln gelegenen Centren für die Erhaltung des Gleichgewichts", um mit Erfolg thätig sein zu können, noch „der durch den Tastsinn der Haut vermittelten

Erregungen. Die Fähigkeit, das Gleichgewicht zu behaupten, geht
daher sogleich verloren, wenn man dem Tier z. B. die Haut von
den hinteren Gliedmafsen abzieht." (A. a. O. S. 74.) — Wird
übrigens die Drehung der Unterstützungsfläche so hastig ausgeführt,
„dafs das Tier in den Bemühungen, das Gleichgewicht zu behaupten,
nicht zu folgen vermag, so springt es davon".

In analoger Weise erhalten auch Tauben ohne Grofshirn das
Gleichgewicht. Nach dem Bericht ROSENTHALS (Centralblatt für
die medic. Wissenschaften 1868, N. 47; citiert bei GOLTZ a. a. O.
S. 97 f.) ging eine von ihm operierte Taube, „auf einen langen Tisch
gesetzt, in gerader Linie bis an den Rand desselben. Dort ange-
langt, und sowie sie einen Fufs in die leere Luft gesetzt hatte, begann sie mit den Flügeln zu schlagen und sich so lange hin und
her zu bewegen, bis sie wieder mit beiden Beinen auf dem Tische
stand. Sie machte dann ihren Spaziergang bis an das andere Ende
des Tisches, um dort dasselbe Spiel zu erneuern, und so fort eine
Stunde und länger mit der gröfsten Regelmäfsigkeit .... Ich setzte
die Taube vorsichtig auf einen horizontal gehaltenen Finger, auf
welchem sie sitzen blieb, den Finger mit ihren Krallen umklammernd,
wie Vögel auf Stangen und Zweigen zu sitzen pflegen. Sobald ich
aber den Finger um seine Achse drehte, so dafs der Kopf des
Tieres sich neigte, begann die Taube mit den Flügeln zu schlagen,
und so vor dem Falle sich schützend, setzte sie sich auf den ge-
drehten Finger immer wieder zurecht . . ."

II. a) In den angeführten Fällen haben wir relativ einfache
Änderungsreihen, deren Anfangsglied eine von der Peripherie
aus gesetzte Änderung des normalen Verhaltens des centralen nervösen Systems darstellt; deren Endglied gebildet wird durch die
Aufhebung jenes Anfangsgliedes vermöge Entfernung ihrer Bedingung
(Wegputzen der Säure, Fortstofsen der Pincette, Zurückweichen vor
dem Feuer, Wiederherstellung der gewohnten Lage, bez. des Gleichgewichts u. s. f.); während eben jene Bewegungen die Mittelglieder bilden. Diese Änderungsreihen lassen sich aber darum
als relativ einfache bezeichnen, weil die Reihe jener Mittelglieder
in relativ einfacher Weise abläuft. Die folgenden Fälle mögen
einige kompliziertere Reihen zeigen, in denen das niedere nervöse
System — Erhaltung der Funktionsfähigkeit überhaupt vorausgesetzt — von geübteren zu minder geübten und von einfacheren zu
minder einfachen Änderungen so lange übergeht, bis die Anfangs-
änderung aufgehoben ist.

Ein Frosch ist unterhalb der Medulla oblongata enthauptet
worden und eine Hautstelle dicht über dem Condylus internus femoris wird durch Applikation eines Tröpfchens Essigsäure gereizt.
„Die Folge ist: dafs der Frosch das gereizte Bein beugt, das andere
streckt, sodafs der Körper etwas nach dem gestreckten Beine hinüber-

gezogen wird. Indem nun der Fuſs des gereizten Schenkels mit dem dorsum der Zehen gegen die irritierte Hautstelle geführt wird, putzt er, mit diesem dorsum hin und her streichend, die corrodierende Substanz ab, da der Fuſs fortwährend abduciert und adduciert wird." Um zu sehen, was geschehen werde, wenn „die alte Bewegung das Abwischen nicht mehr erzielen kann", schnitt PFLÜGER bei einem andern, in gleicher Weise behandelten Frosch den Unterschenkel ab. Zuerst erfolgten die Bewegungen des alten nächstliegenden Mittels: es wird, „wenn man die kleine Hautstelle über dem Condylus internus femoris reizt, der gereizte Schenkel gebeugt, das nicht gereizte Bein gestreckt und der Stumpf des Unterschenkels in einer Weise bewegt, die es unzweifelhaft macht, daſs man bis hierher dieselbe Erscheinung wie früher vor sich hat". Diese Bewegungsversuche führen nun aber nicht zum Ziele, während der applizierte Reiz bleibt — und jetzt geht das niedere System zu neuen komplizierteren Bewegungen über: die Bewegungen werden im allgemeinen „unruhig", „verschiedene" Bewegungen werden „zwecklos" ausgeführt; bis dann endlich, was „ziemlich oft" der Fall ist, eine Bewegung wirklich Erfolg gehabt hat. Zuweilen geschieht das in der Weise, daſs der Frosch „den gereizten Schenkel viel stärker beugt als vorher, da er den Unterschenkel noch besaſs, sodaſs nun, nachdem der Rumpf selbst etwas vorwärts gebeugt worden, der gereizte Schenkel, welcher auſserdem noch nach auſsen rotiert ist, an der Seitenfläche des Rumpfes abgewischt werden kann". In anderen Fällen ist der Übergang zu andersartigen und „ungewohnteren" Bewegungen noch auffälliger: das gereizte Bein (dessen Unterschenkel also amputiert ist) wird gestreckt, der nicht gereizte Schenkel dagegen mäſsig gebeugt und adduziert — und schlieſslich mit der Sohle des adduzierten Fuſses die ätzende Säure vom gereizten Schenkel abgewischt. „Wie man sieht," sagt PFLÜGER, „sind diese und die vorhergehende (sc.: die ursprüngliche, alte) Bewegung vollständig von einander verschieden. Bei der vorhergehenden Bewegung war Flexion des gereizten, Extension des nicht gereizten vorhanden; bei dieser gerade das Gegenteil, nämlich Extension des gereizten und Flexion des nicht gereizten Beines, obgleich nur eine Hautstelle bei beiden Bewegungen gereizt worden war."

Eine weitere Illustration bietet das folgende Experiment, welches PFLÜGER selbst als eine Modifikation des obigen bezeichnet. — Ein geköpfter Frosch wird auf den Bauch gelegt und längs der Rückenhaut auf der rechten oder linken Seite mit der Säure gereizt. Rechts gereizt, greift er mit den Zehen des rechten Fuſses auf en Rücken und wischt die Säure ab; links gereizt, geschieht daselbe mit dem linken Fuſs. Nun wird ein Bein des enthaupteten 'rosches abgeschnitten — nehmen wir an, es sei das rechte. Venn jetzt die ätzende Substanz gleichfalls längs des rechten 'eils der Rückenhaut angebracht wird, „übernimmt der linke

Schenkel das Wegwischen der auf der rechten Rückenhälfte befindlichen Säure." (PF., S. 124 ff.)

b) Ein Experiment derselben Art, wie sie PFLÜGER an enthaupteten Fröschen anstellte und wir sie soeben referierten, führte
er auch an einem s c h l a f e n d e n dreijährigen Knaben mit demselben Erfolg aus: auf ein Kitzeln des r e c h t e n Nasenloches hatte
das Kind sein r e c h t e s Händchen erhoben und „gleichsam" eine
abwehrende Bewegung gegen den Experimentator gemacht, sodann
aber sein rechtes Nasenloch gerieben; beim Kitzeln des l i n k e n
Nasenloches wurde die l i n k e Hand genommen. Nun legte PFLÜGER
beide Arme des auf dem Rücken schlafenden Kindes leise neben
den Körper und verhinderte in vorsichtiger Weise, dafs der linke
Arm nach dem Gesicht geführt werden könnte. Jetzt wurde wieder
das l i n k e Nasenloch des Kleinen gekitzelt: und sofort wurde nun
auch zunächst wieder der l i n k e Arm bewegt, der diesmal freilich
die gereizte Stelle nicht erreichen konnte. Der Knabe verzog da
Gesicht und brachte dann, da der Reiz blieb, sehr schnell die andere
also r e c h t e Hand zu dem l i n k e n Nasenloch, das sie zu drücke
suchte. (PF., S. 134 f.)

c) Die folgende Variation des Experimentes am Frosch ist von
AUERBACH mitgeteilt und von GOLTZ reproduziert (AUERBACH in
GÜNSBURGS Zeitschrift für klinische Medicin, Jahrgang IV, Heft IV,
S. 487; GOLTZ a. a. O. S. 111 f. — Vgl. auch WUNDT a. a. O.
S. 490).
Der enthauptete Frosch ist auf den Rücken gelegt und die
Haut über einer Wade oder die Plantarseite des Tarsus benetzt
worden: das Tier streckt beide Beine aus, nähert sie zugleich gegen
einander und reibt ihre unteren Partieen mit den Plantarseiten aneinander durch alternierende Beuge- und Streckbewegungen. Nun
befestigte AUERBACH den geköpften Frosch auf dem Rücken, erfafste
„einen, z. B. den linken Fufs, streckte das Bein im Knie- und Fufs-
gelenk, hob es durch Flexion im Hüftgelenk bis beinahe zu senk-
rechter Richtung und spreizte es zugleich durch Abduktion nach
aussen. Das Tier strebte kräftig sich loszuarbeiten, aber ich hielt
den Fufs fest und betupfte die oben bezeichnete Stelle mit Schwefel-
säure . . . In der ersten Hast verfehlte in der That das Tier die
gereizte Stelle; sehr bald aber richtete es das Bein mehr in die
Höhe, führte es zugleich weit nach der linken Seite hinüber und
erreichte so die schmerzende Gegend, welche dann in dieser unge-
wöhnlichen Stellung gerieben wurde".
Die beiden nächsten Versuche sind wieder von GOLTZ selbst
und mögen unverkürzt mit seinen eigenen Worten berichtet werden
(a. a. O. S. 118 f. u. S. 123 f.; für die Erklärung, welche GOLTZ
von diesem „Wechsel der Bewegungen" giebt, mufs ich auf sein
Schriftchen selbst verweisen):
„Ich nagle den Rumpf eines geköpften Frosches auf einem

Brette in der Bauchlage fest. Auch die Arme werden auf der
Unterlage unbeweglich fixirt. Hierauf nähe ich die Haut über der
Achillessehne des rechten Beines zusammen mit der Achillessehne
des linken Fußes. Wenn ich nunmehr den linken Fuß irgendwo
auf dem Brette festnagle, so wird dadurch zugleich das mit ihm
verbundene rechte Bein fixirt. Je nach der Stelle, an welcher ich
den linken Fuß befestige, wird die Winkelstellung des rechten Hüft-
gelenks und Kniegelenks bestimmt werden. Ich nagelte nun den
linken Fuß so fest, daß das rechte Bein folgende fixirte Lagerung
erhielt. Die Achse des rechten Oberschenkels bildete mit der Mittellinie des Rumpfes einen Winkel von 90 Grad. Oberschenkel und
Unterschenkel waren im Kniegelenk so genähert, daß ein Winkel
von 70 Grad entstand. Auf solche Weise war das ganze Tier in
der angegebenen Stellung unbeweglich gemacht, bis auf den rechten
Fuß, welcher im Fußgelenk frei beweglich blieb. Jetzt pinselte ich
auf die Haut der Kreuzgegend rechts von der Mittellinie etwas
Essigsäure auf. Wenn ich dieselbe Stelle bei einem Tier mit un-
gefesselter Gliedmaße reize, so wird das Bein im Hüftgelenk und
Kniegelenk stark gebeugt und der Fuß erreicht durch Dorsalflexion
im Fußgelenk leicht die geätzte Stelle. In unserem Falle sind
Hüftgelenk und Kniegelenk in ungünstigen Winkelstellungen fixirt.
Wenn das Tier, sagte ich mir, in dem ihm einzig freigelassenen
Fußgelenk nur die Bewegung ausführt, welche es bei vollkommen
freiem Gebrauch der Gliedmaße machen würde, so kann es nimmer-
mehr die geätzte Stelle erreichen. Was geschieht aber? Der rechte
Fuß wird in eine ungewöhnlich verstärkte Dorsalflexion gebracht,
und da diese noch nicht zureicht, um die Zehenspitzen an den gereizten Punkt zu führen, so werden die Zehen in Hyper-
extension gebracht. Der Fuß, welcher bei ungefesseltem Bein
unter sonst gleichen Bedingungen gerade bleibt, wird so stark gebogen, daß seine Dorsalfläche eine bedeutende Aushöhlung zeigt.
Kurz, infolge der Fixirung der oberen Gelenke sehen wir als Ausgleichung eine ungewöhnliche zweckentsprechende Bewegung in allen
Fuß- und Zehengelenken. Auf diese Weise gelangen die Spitzen
der Zehen richtig bis zur geätzten Stelle, um dort unvollkommene
Reibebewegungen auszuführen . . . ."
    „Ich befestige den Rumpf eines geköpften Frosches in der
Bauchlage, wie in dem vorigen Versuch, lasse aber beide Hinterbeine
ungefesselt. Dann lagere ich jederseits die Oberschenkel des Tieres
so, daß ihre Achse mit der Mittellinie des Rumpfes einen Winkel
von etwa 110 Grad bildet. Dicht neben der Haut der Kniekehle
jederseits schlage ich in das Brett einen cylindrischen, weit hervor-
ragenden Nagel senkrecht ein. Dieser Nagel darf die Haut des
Tieres nicht verletzen. Hierauf bringe ich beide Kniegelenke in
ganz spitzwinklige Beugung, sodaß jeder vorstehende Nagel von dem
entsprechenden Schenkel umgriffen wird in derselben Weise, wie wir

eine quer in die Kniekehle gelegte Stange umfassen, wenn wir die
Wade dem Oberschenkel nähern. Das Tier verharrt ruhig in dieser
Lage. Jetzt pinsele ich auf die Haut des äufseren Knöchels und
den äufseren Fufsrand beiderseits etwas Essigsäure. Die Bewegung,
mit welcher der ungefesselte enthauptete Frosch auf diesen Eingriff
zu antworten pflegt, ist oft beschrieben. Er nähert beide Füfse
einander, sodafs sie sich hinter dem Rumpf in der Verlängerung
der Mittellinie des Tieres treffen, und reibt dann die Füfse gegen-
einander. Auch in unserem Falle sehen wir diese Bewegung ein-
leiten; aber es kann auf dem gewöhnlichen Wege eine Annäherung
der beiden Füfse nicht erfolgen, weil die der Kniekehle jederseits anliegenden Nägel es nicht gestatten, das Bein auf dem geraden
Wege nach hinten der Mittellinie zuzuführen. Obwohl zwecklos,
dauern die zuckenden Bewegungen eine Weile fort, durch welche
die Beine immer gegen die im Wege stehenden Nägel gedrückt
werden. Der Frosch arbeitet gelegentlich auch mit den Füfsen an
den Nägeln herum, als wenn er sie wegdrücken wollte. Da mit
einem Male macht er mit den Oberschenkeln eine von der früheren
ganz abweichende Bewegung. Er reifst sie ganz nach vorn an den
Leib, entfernt damit die Kniee von den Nägeln und kann nun frei
von jeder Hemmung die Füfse zwischen den Nägeln aneinander
reiben."

d) GOLTZ (a. a. O. S. 65 f.) setzte ferner vor Fröschen, die
er des Grofshirns beraubt hatte, einen geeigneten Körper, z. B. ein
Buch auf und reizte sie dann durch einen Stich in den rechten
Oberschenkel. „Nach einigen Abwehrbewegungen und wiederholten
Stichen springt oder kriecht das Tier weiter und vermeidet mit
Sorgfalt das vorgesetzte Hindernis, indem es links umgangen wird".
GOLTZ brachte nun das Tier in seine ursprüngliche Stellung zurück,
stellte das Hindernis auf dem Wege auf, den der Frosch soeben gewählt hatte, und reizte das Tier „wiederum genau an derselben Körper-
stelle, und siehe da, er schlägt nunmehr einen ganz anderen Weg
ein. Er wendet sich geradeaus und umkriecht das Hindernis auf
der rechten Seite". Zuweilen sah GOLTZ sogar, „dafs das Tier,
statt das Hindernis seitlich zu umgehen, mit einem gut abgeschätzten
Sprunge über das niedrige Buch, welches ich ihm in den Weg gestellt hatte, hinwegsprang". GOLTZ nähte dann „einem des Grofshirns beraubten Frosche die rechte hintere Gliedmafse so fest an
den Rumpf an, dafs sie zur Fortbewegung ganz unbrauchbar" wurde,
und auch jetzt derselbe Erfolg bei dem gleichen Versuch: „der den
Gebrauch einer seiner wichtigsten Gliedmafsen entbehrende Frosch
umgeht kriechend den ihm in den Weg gelegten Körper. Er weifs
trotz des störenden Eingriffs in das Getriebe seiner Muskelapparate
mit dem Reste der Kräfte, die ihm übrig geblieben, einen bestimmten Zweck, die Vermeidung eines Hindernisses, zu erreichen".

Zu den in unserem Sinn einfacheren Änderungen ist zu rechnen,

dafs Frösche, denen GOLTZ aufser dem Grofshirn auch die Sehnerven
abgeschnitten und die Luft vorsichtig aus den Lungen herausgedrückt
hatte, vom Boden eines mit Wasser gefüllten Gefäfses infolge ein-
getretener Atmungshemmung („Atemnot") an die Oberfläche stiegen
— nach längerer Zeit als ein zwar gleichfalls geblendeter, aber das
Grofshirn noch besitzender Gefährte, aber doch „ganz in derselben
Weise". Einen Übergang zu minder einfachen Änderungen erhielt
nun GOLTZ durch eine Modifikation des Versuches, die er wie folgt
beschreibt (a. a. O. S. 70): „In ein weites mit Wasser gefülltes
Gefäfs stülpte ich eine gleichfalls mit Wasser gefüllte Flasche umgekehrt hinein, so dafs das Wasser in der Flasche durch den Druck
der Atmosphäre gehalten wurde. Durch den nicht zu engen Hals der
Flasche steckte ich nun von unten einen geblendeten Frosch hinein,
ohne ihm die Luft auszudrücken. Das Tier steigt in der Flasche
auf und berührt mit der Nase den Boden der Flasche. Nach einiger
Zeit stellt sich das Atmungsbedürfnis bei ihm ein. Er tastet unruhig
an den Wandungen der Flasche umher und findet schliefslich immer
die Mündung der Flasche, um aus ihr zu entrinnen. Ich prüfe
jetzt, wie sich ein grosshirnloser Frosch in ähnlicher mifslicher Lage
verhalten werde. Der Fall verlief ganz ähnlich. Auch dieser fand
nach einigem Umhertasten den Weg."

III. Einige Einzelheiten, welche bei diesen Versuchen sich heraus-
stellten, dürften verdienen, im folgenden noch besonders erwähnt
zu werden:

a) Seite 205, Zeile 15 ff. unseres Berichtes haben wir einen
Fall, in welchem ein enthauptetes Tier einen sich gerade darbietenden
Umstand als Mittel benutzt.

b) Seite 206, Zeile 3 ff. finden wir einen andern Fall, in welchem
ein Mittel, das bereits einem „Zweck" dient, festgehalten wird.

c) In einem dritten Falle wird das Mittel getroffen, nachdem
der Experimentator die Übung in der bestimmten Richtung (nur
ein Mal) vermehrt hat. PFLÜGER berichtet (im Anschlufs an das
S. 207 unten referierte Experiment): „Ist der Unterschenkel amputiert
und hat man an die bestimmte Stelle dicht über den Condylus internus femoris ein Tröpfchen Essigsäure gebracht, so sieht man zuweilen an den unruhigen, suchenden Bewegungen des Tieres, dafs
es das rechte Mittel nicht finden werde. Fafst man alsdann den
Fufs des nicht gereizten Beines und drückt ihn gegen den gereizten
Schenkel, ohne indessen die mit Essigsäure benetzte Stelle zu be-
rühren, so wird der Frosch nun, wenn man ihn losläfst, sich den
gezeigten Weg nehmen und den Fufs jetzt gegen die gereizte Stelle
führen und sie abwischen."

d) In einem vierten Falle, über welchen SCHIFF (nach AUER-
BACH) referiert (Lehrbuch der Physiologie des Menschen. I. Lahr
1858—59, S. 218), wird ein bei einer späteren Gelegenheit ent-

wickeltes Mittel noch nachträglich für eine von früher her bestehende
„Reizung" in Anwendung gebracht: einem Frosch wird nach der
Enthauptung und Amputation eines Schenkels ein Punkt der entsprechenden Rückenseite mit Essigsäure betupft. „Das Tier, des
Gebrauches des entsprechenden Schenkels beraubt, wird sehr unruhig, und bleibt endlich, wie ermüdet, still liegen. Betupft man dann
später eine Stelle auf der anderen Körperhälfte, so wischt sie das
Tier mit dem Fuße ab, und nachdem dies geschehen, greift es
plötzlich mit *demselben* Fuße nach der anderen Seite hinüber und
reibt die *zuerst* betroffene Stelle, als sei ihm jetzt erst eingefallen,
daß es dies auch mit dem anderen Fuße, der eben in Thätigkeit war,
thun könne."

e) Einen Einfluß sowohl positiver als negativer Einübung kon-
statiert auch WUNDT (a. a. O. Bd. II, S. 492). In positiver Hinsicht: „Der amputierte Frosch, nachdem er einmal das Bein der
anderen Seite zur Entfernung der ätzenden Substanz gebraucht hat,
macht in künftigen Fällen *leichter* die nämliche Bewegung wieder.
Eine gewisse Einübung kann also hier augenscheinlich stattfinden".
In negativer Hinsicht: „Läßt man bei den Versuchen, bei welchen
der Ausführung einer bestimmten Bewegung absichtlich Hindernisse
entgegengestellt sind, eine längere Zeit zwischen der Einwirkung der
Reize verfließen, so sieht man immer wieder die nämlichen frucht-
losen Anstrengungen der endlich gelingenden richtigen Bewegung
vorangehen, und in vielen Fällen kommt diese gar nicht zu Stande.
Hier ist also der mechanisch erleichternde Einfluß der Übung schon
wieder verloren gegangen."

Daß übrigens auch ein „isolirtes Rückenmarkstück noch etwas
zu *lernen* im Stande" sei, zeigen nach SCHIFF (a. a. O. S. 210)
die Versuche von FLOURENS an Tritonen, denen er das Halsmark
durchschnitten hatte (vorausgesetzt, daß eine Wiederverwachsung
wirklich nicht eingetreten war): die Tiere bewegten „nach mehreren
Wochen und noch mehr nach Monaten die Hinterfüße viel regel-
mäßiger als im Anfange".

f) Einen Einfluß der Reizgeschwindigkeit illustriert — nach
WUNDT — der folgende von GOLTZ ausgeführte Versuch (WUNDT,
a. a. O. S. 493 Anm.; GOLTZ, a. a. O. S. 127 ff.).

Es werden zwei Frösche, von denen der eine enthauptet, der
andere nur geblendet ist, in ein Gefäß gesetzt, das so weit mit
Wasser gefüllt wird, daß nur ein kleiner Teil der Tiere daraus
hervorragt; dann wird das Wasser allmählich erhitzt. Bis zu einer
Temperatur von 25° C. bleiben beide Frösche ruhig sitzen; von da
an wird dem behirnten Frosch unbehaglich — er fängt an schneller
zu atmen, schwimmt immer ängstlicher hin und her und sucht bald
durch Auftauchen, bald durch Untertauchen, weiterhin durch „ver-
zweifelte Sprünge" der Pein zu entrinnen, bis er endlich — die
Hitze ist inzwischen auf etwa 42° gestiegen — bei aussetzender

Atmung, unter wilden Schmerzensäufserungen und tetanischen Krämpfen, verendet. Mittlerweile sitzt der geköpfte Frosch auf dem Boden ohne jede Bewegung, ohne jede Schmerzensäufserung; nur als die aus dem Wasser hervorragende Rückenhautstelle mit ein wenig Essigsäure bepinselt wird, führt er „wohl gezielt, sicher und schnell" „mit dem Hinterfufs die zweckmäfsige Bewegung des Fortwischens aus, und führt darauf wieder die Pfote sorgfältig an den früheren bequemen Ort zurück". Dann sitzt er wieder regungslos da, bis zuletzt die Wärmestarre der Muskeln das Tier nach vornüber krümmt — „der Geköpfte ist . . . ohne weiter ein Lebenszeichen von sich zu geben, zur Leiche geworden". Seinem Referat fügt WUNDT die Bemerkung hinzu: „Dieser Versuch zeigt sehr deutlich, wie der Mechanismus des Rückenmarks gemäfs dem allgemeinen Gesetz der Nervenerregung nur auf solche Reize reagiert, die mit einer gewissen Geschwindigkeit einwirken, während ein allmählich anwachsender Reiz völlig wirkungslos bleibt".

g) Ein Fall, wo der Aufhebung einer ursprünglichen Änderungsbedingung die Bedeutung einer neuen Änderungsbedingung zukommen kann, findet sich unter den GOLTZ'schen Versuchen, welche die „reflektorische Erregung der Stimme des Frosches" betreffen. GOLTZ hatte die Entdeckung gemacht, dafs Frösche, denen er durch geeignete Schnitte den Zusammenhang zwischen dem Grofshirn und dem übrigen Gehirn getrennt hatte, durch eine Erregung der Rückenhaut zum Quaken gebracht werden. Er berichtet u. a. (a. a. O. S. 5): „Übt man einen dauernden Druck auf den Rücken eines des Grofshirns beraubten Frosches aus, beschwert man z. B. das Tier mit einem nicht allzu schweren Körper, so quakt es eine ganze Weile fort, bis es sich beruhigt. Nimmt man ihm jetzt, nachdem es eine Zeitlang geschwiegen, die Last ab, so quakt es in der Regel noch einmal auf. Die Entfernung eines gewohnt gewordenen Reizes wirkt wie ein neuer Reiz".

h) S. 205, Z. 1 ff. haben wir einen Fall von Abhängigkeit der Bewegungsform von der „Form der Reizung". GOLTZ macht gelegentlich des soeben erwähnten Quakversuchs die Bemerkung (a. a. O. S. 4 f.; vergl. S. 62): „Wie angegeben, kann man das Quaken nur von der Rückenhaut aus hervorlocken und zwar durch jene eigentümliche mechanische Erregung, wie sie leichte Berührung und Druck oder Streichen der Haut mit sich bringt. Selbstverständlich kann man statt der Finger jeden beliebigen anderen glatten abgerundeten Körper zur Erregung der Haut benutzen. Aber nicht jede Form der mechanischen Erregung ist geeignet, das Quaken zu bewirken. Wenn ich dem Tier mit einem spitzen Werkzeug auf den Rücken drücke oder kratze, so macht es Abwehrungsbewegungen, schreit aber nicht. Ebensowenig vermag chemische Reizung das Quaken auszulösen. Bepinsele ich den Rücken des Tieres mit verdünnter Essigsäure, so macht der Frosch die bekannten Wischbewegungen, giebt aber keinen Laut von sich. Auch elektrische Erregung der Rückenhaut erweist sich als wirkungslos. Das Tier schleudert die Elektroden fort, ohne zu schreien. Also nur eine ganz bestimmte Form der mechanischen Reizung löst das Quaken aus, nämlich Druck oder Streichen der Rückenhaut mit einem Körper, der eine glatte Oberfläche hat."

i) Betrifft das Gesagte die „Reizungsform", so geht die folgende Bemerkung desselben Autors auf den Einfluß der „Reizstärke" bei dem großhirnlosen Frosch (a. a. O. S. 59): „Berührt man das Tier irgendwo leise, so macht es meistens gar keine Bewegung. Wird es stärker angefaßt, gekniffen oder gestochen, so folgen die bekannten Abwehrbewegungen. Wirkt der Reiz noch kräftiger, so sieht man Fortbewegungen des ganzen Körpers, und zwar ist diese eine kriechende, wenn der Reiz minder mächtig war. Ist der Reiz sehr stark oder wird er oft wiederholt, so springt das Tier in Sätzen davon.

Mitunter kann man die Gesetzmäßigkeit, mit der die verschiedenen Bewegungsakte je nach der Stärke des Reizes aufeinander folgen, sehr deutlich nachweisen. Berührt man bei dem des Großhirns beraubten Frosch die Hornhaut des Auges mit einer Staarnadel, so ist die erste und nächste Bewegung, mit der er antwortet, die, daß er das Augenlid schließt. Wiederholt man mehrmals hintereinander dieselbe Reizung, wobei man nicht Rücksicht darauf nimmt, ob man das Auge selbst oder das Lid trifft, so schlägt das Tier die Nadel mit dem Vorderfuß derselben Seite fort. Das ist die zweite Form der Bewegung, womit er antwortet. Bei fortgesetzter und intensiverer Mißhandlung des Auges wendet er den Kopf und den oberen Teil des Rumpfes nach der entgegengesetzten Seite hinüber, und endlich, wenn der Reiz oft wiederholt und verstärkt wird, bewegt sich das Tier vom Platze. Nicht immer wird die Reihenfolge dieser vier Bewegungsakte genau eingehalten, aber bei manchen Tieren war die Regelmäßigkeit in der Abänderung derselben eine überraschende. Z. B. schlug ein solcher Frosch immer die Nadel mit der Vorderpfote weg, wenn ich ihm das Auge dreimal berührt hatte. Die beiden ersten Male antwortete er einfach mit Lidschluß."

Auch B. Luchsinger hat Versuche über den Einfluß der Reizstärke auf die Bewegungsformen Enthaupteter angestellt und die Resultate in Pflügers Archiv für die gesamte Physiologie, Bonn 1880, Bd. XXII u. XXIII, veröffentlicht. In Bezug auf die gekreuzten Reflexe (welche er durch „eingeschliffene" Bahnen des Rückenmarks erklärt, wie sie z. T. angeboren sind, z. T. durch Übung erworben werden) sagt dieser Autor ganz allgemein (Bd. XXII, S. 180): „Die gekreuzten Reflexe sind nicht an bestimmte Reize gebunden, milde Reize jeglicher Art lösen sie aus; bei stärkerem Reize aber entstehen auch pathische Reflexe, diese können die gekreuzten verwischen". Sodann im besonderen (B. XXIII, S. 309 ff.): „Köpft man einen Triton und hängt ihn an einem Stativ frei schwebend in die Luft, so sieht man auf leise mechanische Reizung des Schwanzes denselben sich nach dem reizenden Punkte zuwenden, sticht man aber mit der Spitze des Messers nach ihm, so weicht er in bekannter Weise dem Reize aus. In gleicher Art, nur weniger leicht, gelingt der Versuch am Molch, an der Eidechse, am Aal; aber er gelingt auch an der Natter. Eine Schlingnatter wurde geköpft. Sanftes Streicheln des Schwanzes läfst denselben sich dem Reize zuwenden; Stechen, noch mehr Anglühen aber rufen ein Wegwenden des Schwanzes hervor . . . . In seinen berühmten Versuchen am Aalschwanz sah PFLÜGER unter normalen Bedingungen stets nur ein Ausweichen des Schwanzes; andererseits nahm aber TIEGEL bei Schlangen stets nur ein Zuwenden des Schwanzes wahr. Unsere Versuche versöhnen jene scheinbaren Widersprüche, indem sie die verschiedenen Resultate dieser Forscher auf eine verschiedene Reizstärke zurückführen. Diesen verschiedenen Reizstärken aber weifs das normale Rückenmark in verschiedener, aber jedesmal zweckmäfsiger Weise zu antworten. Schwachen Reizen entspricht ein Annähern des Schwanzes, also beim intakten Tier auch ein Annähern des ganzen Tieres. Starken Reizen aber wird mit Abwenden des Schwanzes, einem Fluchtsymptom des normalen Tieres entgegnet. Die Taxation der Reizstärke aber wird von dem Rückenmarke verschiedener Tiere in verschiedener Weise besorgt. Was für eine Tierart ein starker Reiz, kann noch als schwach für eine andere gelten . . . Hat man einem Frosch das Grofshirn oder auch noch dazu das Mittelhirn entfernt, so kann er sich bekanntlich, auf den Rücken gelegt, immer wieder in die Bauchlage drehen. Legt man ihn derb auf den Rücken, so wendet er sich sofort um; legt man ihn aber behutsam auf eine glatte Unterlage und läfst nur sehr allmählich die Hand los, so kann er lange Zeit in der abnormen Lage verweilen. Erst ein hinzutretender Reiz vermag ihn zur Umkehr zu wecken. Diese Umdrehung kann aber auf zweierlei Art geschehen und wird dies von der Stärke und Richtung des angewandten Reizes abhängen. In der That, streicheln wir irgend einen Punkt des Rumpfes, am besten das Vorderbein, leise, so sehen wir das Tier sich dem Reize zuwenden, und geschieht die Drehung in der Weise, dafs die Bauchfläche sich dem Reiz zukehrt. Nähern wir uns aber dem hirnlosen Tier von der Seite mit einem brennenden Zündhölzchen, so geschieht die Umkehr in entgegengesetzter Richtung, wendet sich die Bauchfläche des Tieres von dem Reize weg. Entsprechend dem verschiedenen Ziel ist die erforderliche Muskelaktion auch eine verschiedene. Beim Zuwenden ist wesentlich das Hinterbein der andern, beim Wegwenden aber das Hinterbein der gleichen Seite beteiligt. Also auch hier sehen wir, wie bei dem Versuche am Schwanzmark, ein verschiedenes Verhalten des enthirnten Nervensystems gegen äufsere Reize. — Ganz analoges Verhalten zeigten andere Tiere, so Triton und Alpenmolch. Es weifs auch das ‚entseelte' Tier sich äufserst passend nach den äufseren Umständen zu richten."

IV. Schon aus den angeführten Fällen ergiebt sich, dafs je höher organisiert das beanspruchte nervöse System ist, desto höher-wertige Änderungsreihen mit wohlbestimmbaren Anfangs-, Mittel- und Endgliedern können wir es entwickelnd denken (vgl. die Fälle unter I, a mit denen unter I, b). Unsere angegebene methodo-logische Forderung bedeutet also schliefslich nicht mehr, als dafs wir das h ö c h s t o r g a n i s i e r t e nervöse System zur Setzung solcher Änderungsreihen h ö c h s t e n R a n g e s befähigt denken möchten — und zwar dieses *nervöse System* als s o l c h e s: *ohne* „Bewufstsein", wenngleich unter diejenigen vorzüglicheren physiologischen Bedingungen gestellt, unter welchen seine Änderungen als *mit* „Bewufstsein" ver-laufend von der Physiologie angenommen zu werden pflegen. Die-jenigen Leser, welche auch darin bereits geübt sind, gewisse patho-logische Zustände als „bewufstlose" zu denken, seien übrigens an ganze Gruppen von Fällen erinnert, in denen Änderungsreihen höheren Ranges gesetzt erscheinen: an die „zweckmäfsigen Handlungen" während des epileptischen Anfalles, in gewissen hypnotischen Zu-ständen und bei eigentlichen Gehirnläsionen. Ich schliefse diese bereits allzu umfangreich geratene Anmerkung mit einem Wort SPINOZA's (Eth. III, prop. II, Schol.): „Etenim quid corpus possit, nemo hucusque determinavit, hoc est, neminem hucusque experientia docuit, quid corpus ex solis legibus naturae, quatenus corporea tantum consideratur, possit agere, et quid non possit, nisi a mente determinetur."

8. (S. 191, n. 414). M. W. DROBISCH, Neue Darstellung der Logik [4]. Leipzig 1875. S. 190, § 151.